100억 매출하는
중졸아저씨의
쿠팡 실전학습서

100억 매출하는
중졸아저씨의 쿠팡 실전학습서

이강로 지음

좋은땅

| 목차 |

제1장 쿠팡, 겁내지 마라! 누구나 쉽게 돈 벌 수 있다
"나는 평범하지만, 쿠팡에서 돈을 벌었다" · 10
"쿠팡은 사업이 아니라 '돈 벌기 쉬운' 플랫폼이다" · 13
"쿠팡에서 돈 버는 공식은 생각보다 단순하다" · 15

제2장 초보자가 가장 빨리 시작하는 방법
하루 만에 나만의 첫 상품 찾기 · 22
"빠르게 돈 벌려면 키워드 한 가지만 공략해라" · 25

제3장 한 달 안에 첫 수익 내는 방법
소싱부터 광고, 매출까지 초보자가 따라 할 수 있는 실전 로드맵 · 30
"첫 달 순이익금 200만 원 버는 건 쉽다" · 35

제4장 100억 셀러의 상품 소싱 전략
네이버데이터랩, 쿠팡 데이터를 활용한 상품 소싱 방법 · 40
알리바바 1688 AIBUY×빅셀을 통한 소싱 방법 · 46

제5장 100억 셀러가 알려 주는 상위노출시키는 법

쿠팡 알고리즘과 노출의 원리 · 60
클릭을 부르는 썸네일의 비밀 · 64
노출 순위의 중요성과 노출 순위를 결정하는 핵심 요소 · 68
판매량과 리뷰가 노출에 미치는 영향 · 75
신규성 버프 · 체험단 · 광고로 상위노출시키는 법 · 79

제6장 광고비 30억 원 사용 후 알아낸 쿠팡 광고 전략

데이터 분석하여 광고비 줄이기 · 84
데이터 분석하여 광고 효율지수 올리기 · 88
데이터 분석하여 똑똑하게 광고 관리 · 92

제7장 100억 셀러가 만든 솔루션, 빅셀을 활용한 최적화 판매 전략

빅셀이란? · 98
키워드 발굴 및 분석 · 101
노출 순위 및 분석 · 103
광고 분석 · 106
정산서 분석 · 109

제8장 쿠팡 마켓플레이스의 이해

쿠팡이 대한민국 e커머스를 장악한 이유 · 114
쿠팡이 다른 플랫폼과 다른 점 · 118
쿠팡 판매자배송, 판매자로켓, 로켓배송 3가지 차이점 · 122

제9장 판매자의 기본 준비

사업자 등록 가이드 · 130
통신판매업 신고 가이드 · 134
쿠팡에 사업자 등록하는 방법 · 137
쿠팡 스토어 개설 가이드 · 142

제10장 중국 공장과의 첫 거래 준비 및 협상 전략

1688 메신저 왕왕, 중국 대표 메신저 위챗(WeChat) 가이드 · 146
중국 원산지 작업과 증빙 및 수입을 위한 필수 절차 확보 · 150
첫 거래 시 구매 전략 · 153
구매대행사를 통한 수입 가이드 · 158

제11장 상품 수입 시 통관 가이드

수입 절차에 대한 가이드 · 164
KC 인증? 식품 신고? 수입 전 꼭 확인할 인증 체크 가이드 · 167

제12장 상품 등록 노하우

상품의 핵심 키워드를 찾기(키워드 발굴) · 172
핵심 키워드 활용하여 상품 등록하기 · 176

제13장 쿠팡 광고 가이드

자동광고란? · 180
수동광고란? · 184

제14장 쿠팡 물류&풀필먼트 가이드

쿠팡 밀크런 이해하기 · 188
물류센터 없이 운영하는 방법(쿠팡에 특화된 3PL 이용 방법) · 191

제15장 100억 셀러 달성 비결

실제 성공 사례와 경험 공유 · 196
"지금 시작하면 1년 안에 1억 벌 수 있다!" · 200
1억을 벌기 위한 3가지 실행 전략 · 202
1년 안에 1억 원 수익 달성을 위한 단계별 실행 전략 · 204

제1장

쿠팡, 겁내지 마라!
누구나 쉽게 돈 벌 수 있다

"나는 평범하지만, 쿠팡에서 돈을 벌었다"

저는 특별한 사람이 아닙니다. 누군가처럼 마케팅 박사도 아니고, IT 기술에 능통한 사람도 아닙니다. 심지어 저의 최종 학력은 중졸입니다. 많이 배우지도 못했습니다. 저는 그저 평범한 대한민국의 아저씨일 뿐입니다. 하지만 그런 저도 쿠팡이라는 플랫폼 덕분에 매출을 올리고, 돈을 벌 수 있었습니다.

쿠팡은 이제 대한민국 국민이라면 누구나 한 번쯤은 써 봤을 정도로 일상 속에 깊숙이 자리 잡은 이커머스 플랫폼입니다. 특히 '로켓배송' 시스템은 한국 소비자들의 구매 습관 자체를 바꾸어 놓았습니다. 새벽에 주문하면 다음 날 아침에 도착하고 심지어 무료 반품까지 가능하니 소비자는 고민할 이유가 전혀 없습니다.

이런 소비자들의 습관 변화는 곧 판매자에게 기회가 되었습니다. 국민 모두가 쓰는 플랫폼, 쿠팡에는 하루에도 수십만 건의 검색과 구매가 이루어집니다. 그리고 그 안에서 좋은 상품, 경쟁력 있는 가격,

눈에 띄는 이미지와 제목만 있으면 쿠팡의 알고리즘은 해당 상품을 더 많은 사람에게 노출시켜 줍니다.

노출이 늘면 클릭이 늘고, 클릭이 늘면 구매가 이어집니다. 제가 한 일은 단순했습니다. 사람들이 원할 만한 상품을 찾고, 경쟁력 있는 가격으로 판매하고, 클릭률 높은 썸네일과 키워드를 연구한 것뿐입니다. 그렇게 알고리즘은 제 편이 되었고 그러자 매출은 자연스럽게 따라왔습니다.

평범한 사람도 시작할 수 있는 이유

쿠팡에서 돈을 번다고 하면, 뭔가 대단한 비밀이나 전문 기술이 있을 것 같지만 사실 그런 건 전혀 아닙니다. 저도 처음엔 아무것도 몰랐고 '이 상품, 쿠팡에 올려 보면 어떨까?'라는 단순한 마음으로 시작했습니다.

막상 해 보니까 쿠팡은 저 같은 평범한 사람에게도 기회를 주는 곳이었습니다. 상품 잘 골라서 올리고, 썸네일 하나 예쁘게 만들고, 제목에 키워드 잘 넣고… 이렇게 한 발짝씩 하다 보니 어느새 매출이 나기 시작했습니다.

제 경우, 처음 시작했을 때는 하루 한두 건 주문이 들어오는 것에도 감격했습니다. 한 달 후에는 일평균 10건으로 늘었고 이제는 매일 아침 주문 알림 소리에 하루를 시작합니다.

쿠팡에는 사람들이 엄청 많이 몰려 있습니다. 그 말은, 제가 등록한 상품도 누군가는 꼭 본다는 뜻입니다. 조금만 신경 쓰면 쿠팡이 알아서 제 상품을 여기저기 보여 주기도 하고, 클릭도 늘고, 주문도 들어옵니다.

마무리

'쿠팡'이라는 무대는 이미 마련되어 있고, 그 무대에 오를 용기와 실행력만 있다면 평범한 사람도 성공할 수 있는 기회는 충분합니다. 결국 중요한 건 하나입니다. 해 보느냐, 안 해 보느냐. 시작해 보면 생각보다 별거 아니고, 하다 보면 나만의 노하우도 생깁니다.

지금 이 글을 읽고 계신 당신도, 저처럼 충분히 할 수 있습니다. 그러니까 너무 어렵게 생각하지 마시고, 일단 한번 올려 보세요. 당신의 첫 매출 알림은 생각보다 금방 울릴 것입니다.

"쿠팡은 사업이 아니라 '돈 벌기 쉬운' 플랫폼이다"

처음 쿠팡 판매를 시작할 때, 저도 '사업'이라는 무거운 개념에 압도당했습니다. 전통적인 사업이라면 물류 시스템 구축, 광고 예산 편성, 직원 관리 등 복잡한 절차를 겪어야 한다는 고정관념 때문에 겁부터 났습니다.

하지만 막상 해 보니까, 이런 선입견은 순식간에 무너졌습니다. 쿠팡은 사업이라기보다 그냥 돈 벌기 쉬운 플랫폼에 가까웠죠.

쿠팡은 이미 대한민국에서 가장 많은 사람들이 사용하는 쇼핑 플랫폼입니다. 빠르고, 편하고, 믿을 수 있습니다. 대부분의 사람들이 인터넷 쇼핑하려고 할 때 쿠팡을 제일 먼저 켜곤 합니다. 쿠팡이란 플랫폼이 이미 인프라를 완벽하게 구축하고 있다는 뜻입니다. 판매자 입장에서는 '상품 등록-주문 처리-수익 확보'라는 단순한 사이클에만 집중하면 됩니다. 이것은 마치 백화점 입점 업체가 시설 관리, 고객 유치, 결제 시스템은 백화점 전담팀에 맡기고 제품 품질 관리에만 전념하는 것과 비슷한 이치입니다.

　따라서 좋은 상품 하나만 잘 올려도 팔릴 가능성이 엄청나게 커집니다. 상품을 알아서 막 홍보하지 않아도, 쿠팡이 내 상품을 대한민국의 수많은 쿠팡 이용자들 앞에 노출시켜 주는 것이죠.

　게다가 광고도 별로 어렵지 않습니다. 클릭률이 잘 나오는 키워드와 이미지만 사용해도 쿠팡의 알고리즘이 자동으로 내 상품을 밀어줍니다. 알고리즘을 활용하는 이 전략은 체계적으로 접근할 수만 있다면 누구에게나 일정 수준의 성과를 보장합니다.

　'나는 그냥 조용히 상품 하나 팔고, 소소하게 돈 좀 벌고 싶다.'

　이런 사람에게도 딱 맞는 플랫폼이죠.

　사업이라는 거대한 산을 오르려고 하지 마시고 쿠팡이라는 현명한 등산로를 선택하세요. 전문 장비 없이도 정상에 오를 수 있는 가장 현실적인 방법입니다. 지금 당장 노트북을 열고 바로 시작해 보세요.

　내가 움직인 만큼 결과가 나오는 곳이 바로 쿠팡입니다.

"쿠팡에서 돈 버는 공식은 생각보다 단순하다"

쿠팡에서 돈을 버는 게 뭔가 복잡하고 어려울 것 같지만 사실 핵심은 딱 세 가지입니다.

상품을 고르고 → 노출시키고 → 매출을 만든다

이 흐름만 이해하면 누구든지 시작할 수 있고 수익을 낼 수 있습니다. 이 과정은 마치 퍼즐을 맞추는 것과 같습니다. 각 조각이 제자리에 들어가면 전체 그림이 완성됩니다.

1. 상품소싱: 잘 팔릴 만한 상품부터 찾기

무엇을 팔지 정하는 게 가장 먼저이자 가장 중요합니다. 처음부터 '완벽한 상품'을 찾으려 하지 말고, 사람들이 찾는 상품 중에 내가 팔

수 있는 것을 고르는 것부터 시작하면 됩니다.

✔ 이런 상품이 좋아요
- 사람들이 자주 찾는 상품(검색량이 많은 키워드)
- 경쟁이 너무 치열하지 않은 상품(비슷한 제품이 너무 많지 않은 것)
- 팔았을 때 이익이 남는 상품(원가와 판매가 계산은 필수!)

✔ 팁(TIP)

쿠팡에서 잘 팔리는 키워드를 검색해 보면 사람들이 무엇을 원하는지 금방 감이 옵니다. 예를 들어 "여름슬리퍼"를 검색했는데 인기 상품보다 저렴하게 판매하거나 동일한 판매가격에 더 나은 품질로 판매할 수 있다면 그 시장에 들어갈 기회가 있다는 뜻입니다.

2. 노출: 등록만 잘해도 쿠팡의 '신규성 버프'로 판매량 확보

이제 상품을 올렸다면, 사람들 눈에 띄게 만들어야 합니다. 좋은 상품도 보이지 않으면 존재하지 않는 것이나 마찬가지입니다.

✔ 쿠팡에서 노출을 늘리는 방법
- 사람들이 자주 검색하는 키워드를 넣어서 상품명을 정해야 합니다

- 썸네일(대표 사진)을 깔끔하고 눈에 띄게 만들기
- 광고를 조금이라도 활용해 보기(소액으로도 가능)

✔ 팁(TIP)

쿠팡은 상품을 등록하면 처음에는 1페이지에 노출을 시켜 줍니다.(인기가 있는 상품인지 확인차) 이것을 '신규성 버프'라고 합니다. 클릭이나 구매가 이루어지지 않는다면 노출 순위는 다시 밀려나게 됩니다. 반대로 클릭이나 구매가 이루어지면 노출지수는 좋아지게 됩니다.

3. 매출: 관리만 잘해도 매출은 자연스럽게 올라갑니다

이제 상품이 보이기 시작하면, 클릭하고, 구매하고, 매출로 이어집니다. 처음엔 한두 개씩 팔리다가, 리뷰가 쌓이고 평점이 좋아지면 알아서 꾸준히 팔리는 구조가 생기기 시작합니다.

✔ 매출이 잘 유지되는 구조로 만들기
- 경쟁사 판매가격을 모니터링하여 판매가격 방어하기
- 품절되지 않게 안전재고 관리 잘하기
- 상세페이지 리뉴얼을 점진적으로 고도화하기
- 고객 응대 잘하기(작은 정성도 리뷰에 반영됩니다)

- 파생 상품을 발굴하기

✔ 팁(TIP)

하나의 상품이 잘 팔리기 시작하면, 그 상품을 기준으로 비슷한 상품을 찾아서 소싱하세요. 이미 검증된 시장에서 라인업을 확장하는 것이 새로운 시장을 개척하는 것보다 훨씬 효율적입니다.

마무리

쿠팡에서 돈 버는 방법, 복잡하게 생각하지 마세요.

상품 고르고 → 노출시키고 → 팔리는 구조 만들기

이 세 가지만 알면 누구나 시작할 수 있습니다.
처음엔 조금 낯설지만 한두 개 팔아 보면 재미도 붙고 매출이 생기면 더 확신이 생깁니다.
'나도 할 수 있겠다'는 생각이 들면 이미 반은 성공한 겁니다. 그리고 그 생각은 첫 주문이 들어오는 순간 현실이 됩니다. 첫 매출 알림을 받는 그 짜릿한 순간을 경험해 보세요. 그 기쁨이 여러분을 계속 앞으로 나아가게 할 것입니다.
쿠팡이라는 플랫폼은 이미 완성된 무대입니다. 여러분은 그저 그 무대 위에서 좋은 상품으로 공연만 하면 됩니다. 관객(고객)은 이미 모여 있으니까요.

지금 바로 시작해 보세요!

제2장

초보자가 가장 빨리 시작하는 방법

하루 만에 나만의 첫 상품 찾기

"무슨 상품부터 팔아야 하죠?"

제가 초보 셀러에게 많이 받는 질문 중 하나입니다. 초보 셀러들이 가장 처음으로 부딪히는 벽이겠죠.

하지만 완벽한 상품을 처음부터 찾는 것은 불가능합니다.

그래서 저는 이렇게 말합니다.

"일단 하나라도 소싱해 보세요. 그게 시작입니다."

제1장에서 말씀드렸듯이 복잡하게 생각하지 마시고 다음 단계를 그대로 따라 해 보세요. 빠르면 하루 만에 첫 상품을 찾을 수 있습니다.

1단계: 쿠팡에서 '지금 잘 팔리는 상품'을 먼저 확인한다

1. 쿠팡에서 키워드를 하나 입력합니다.

예: 여름 슬리퍼, 주방 정리함, 캠핑 테이블 등 계절/트렌드 상품
2. 검색 후 나오는 1페이지 상품을 쭉 살펴보세요.
3. 다음 항목을 메모장에 기록합니다.
   - 상품명, 가격, 리뷰 수, 평점, 브랜드명

✔ 팁(TIP)

리뷰가 많고 평점이 4.5 이상인 상품은 시장 수요가 충분하다는 뜻입니다.

2단계: 이 상품이 소싱 가능한지 바로 확인해 본다

찜한 상품이 있으면, 이제 이걸 직접 판매할 수 있는지 중국도매사이트 1688(https://www.1688.com/)에서 찾아봅니다.

1. 상품 이름 또는 이미지 검색
2. 비슷한 제품이 있다면 가격 비교
3. 내 판매가 기준으로 배송비+원가+수수료 빼고도 이익이 남는지 계산

✔ 팁(TIP)

처음엔 수익률 20% 이상 되는 상품을 목표로 해 보세요.

3단계: 1688에서 구매한다

상품을 구매하기로 결정했다면 중국 상인과 대화를 통해서 거래를 진행합니다. 최종구매는 구매대행사를 통해서 하는 것이 좋습니다.

마무리

일단 실행부터 하세요.

완벽한 상품을 찾겠다고 한 달을 고민하는 것보다, 상품을 하나라도 실제로 소싱해 보는 것이 훨씬 빠른 성장 방법입니다.

소싱 과정을 직접 경험해야 구매 방식을 터득하고, 그래야 판매까지 자연스럽게 이어질 수 있습니다. 이 모든 과정을 하루 안에 완료할 수 있도록 집중해서 도전해 보세요. 실행이 가장 중요한 배움입니다.

"빠르게 돈 벌려면 키워드 한 가지만 공략해라"

이것저것 여러 상품에 시간을 나누지 말고 딱 하나의 키워드에만 전념하세요.

쿠팡을 처음 시작하면 이런 유혹에 빠지기 쉽습니다.

"여기도 잘 팔리고, 저기도 인기가 많네? 이 키워드도 해 보고 저 키워드도 시도해 볼까?"

하지만 현실은 정반대입니다.

여러 방향으로 에너지를 분산하다 보면 결국 어느 하나도 제대로 성과를 내지 못하게 됩니다. 그래서 제가 강조하고 싶은 핵심 전략은 단 하나입니다.

초보 셀러분들은 딱 하나의 키워드에만 집중하세요.

왜 키워드 하나만 공략해야 할까?

1. 집중력이 분산되면 어떤 키워드도 깊게 파헤칠 수 없습니다

쿠팡은 철저히 알고리즘 기반으로 운영되는 플랫폼입니다. 하나의 키워드를 집중적으로 분석하고 다양한 상품을 반복 테스트하면서 소비자 반응과 트렌드 데이터를 축적해야 합니다. 여러 키워드를 동시에 다루려 하면 분석의 깊이가 얕아지고 결국 모든 분야에서 얕은 지식만 갖게 됩니다.

2. 빠른 매출 성장을 위해서는 소위 '몰빵 전략'이 효과적입니다

당장의 수익 창출이 목표라면, 한 지점을 집중적으로 파고드는 전략이 필수적입니다. 하나의 키워드에 모든 역량을 쏟으면 광고 세팅이 단순명료해지고 리뷰 확보 전략이 더 명확해지며 상세페이지 최적화 방향이 뚜렷해집니다.

3. 성공적인 키워드 하나가 사업의 전환점이 됩니다

전략적으로 선택한 키워드 하나가 안정적인 수익을 창출하면 그 자금과 노하우가 다음 상품, 다음 브랜드, 더 큰 사업으로 확장됩니다. 초기에는 단일 키워드에 집중해 '완성도 높은 상품'을 만드는 것이 가장 빠르고 효율적인 성장 경로입니다.

✔ 어떻게 키워드 하나를 선택할까?

처음이라면, 다음 기준으로 신중하게 하나를 선택하세요.

- 검색량은 충분한데 경쟁이 덜한 키워드
- 자신이 어느 정도 이해하고 있는 분야(취미, 관심사 등)
- 광고비가 과도하게 소모되지 않는 키워드
- 리뷰 100개 이하의 상위 상품이 보이는 키워드
  예: 실리콘 주방 수세미, 여름 남자 반팔티, 차박용 테이블 등

✔ 팁(TIP)

네이버 키워드툴, 쿠팡셀러 광고센터, 빅셀 솔루션 같은 분석 도구를 활용하면 검색량과 경쟁 강도를 객관적으로 비교할 수 있습니다.

마무리

빠른 수익 창출을 원한다면, 여러 키워드를 동시에 시도하는 오류를 범하지 마세요. 단 하나의 키워드를 선택하고 그것을 철저히 분석하고 지속적으로 테스트하며 성공할 때까지 끈기 있게 반복하세요.

하나의 키워드에서 안정적인 수익 모델을 만들면, 그 성공 방정식은 다음 키워드로도 쉽게 확장됩니다.

딱 하나만 파세요. 거기에 답이 있습니다.

제3장

한 달 안에
첫 수익 내는 방법

소싱부터 광고, 매출까지
초보자가 따라 할 수 있는 실전 로드맵

하루 만에 실천 가능한 7단계 가이드를 소개합니다.

1단계: 딱 하나의 키워드만 정한다

- 검색량은 충분하지만 경쟁이 적은 키워드
- 자신이 이해하고 있는 분야 우선
- 광고비가 과도하게 들지 않는 키워드

✔ 팁(TIP)
도구 추천: 네이버 키워드툴, 쿠팡 광고센터, 빅셀 솔루션

2단계: 쿠팡 1페이지 상품 분석하기

"시장 흐름은 쿠팡이 보여 준다"
- 선정한 키워드로 쿠팡 검색, 1페이지 상품 조사
- 다음 항목을 기록
    - 상품명, 가격, 리뷰 수, 평점, 브랜드

3단계: 소싱 가능한지 확인하기

"이 상품을 내가 직접 팔 수 있을까?"
- 1688에서 상품 이름, 이미지로 검색
- 찾은 상품의 철저한 원가 계산(빅셀 솔루션 활용)
- 목표 판매가의 20~30% 이상 마진 확보 가능한지 검토

4단계: 구매 신청하기

"일단 상품을 잡아야 진짜 시작된다"
- 신뢰할 수 있는 중국 구매대행사를 통해 주문
- 최소 수량으로 품질과 비용 등의 테스트 진행

5단계: 상세페이지 제작 및 상품 등록

"등록만 잘해도 쿠팡의 알고리즘이 도와준다."
- 핵심 키워드를 포함한 상품명 작성
- 주목도 높고 깔끔한 썸네일 이미지 제작
- 상세페이지는 구매 동기 부여 요소와 필수 정보 담기(사이즈, 소재, 배송정보 등)
- 쿠팡 WING에 상품 등록

✔ '신규성 버프'란?

쿠팡의 신규 등록된 상품에 한해 일정 기간 동안 검색 노출을 인위적으로 높여 주는 혜택. 이 기회를 꼭 활용할 것!

6단계: 소액 광고로 노출 확보

"하루 1만 원이면 시작할 수 있는 광고"
- 매출최적화(자동광고)로 시작
- 키워드 수익률(ROAS), 클릭률(CTR), 전환율(CVR) 체크
- 처음 7일은 '광고 → 반응 확인 → 전략 수정' 반복
- 초기 목표는 리뷰와 노출 확보에 집중

✔ 팁(TIP)

ROAS 300% 이상 유지 시 광고 지속.

성과 부진 시 상품 핵심 요소(썸네일, 제목, 가격) 재검토.

7단계: 매출 구조 만들기

"팔리는 구조는 저절로 완성되지 않는다"
- 경쟁사 가격 동향 파악 및 적절한 가격 전략 수립
- 철저한 재고 관리로 재고 부족으로 인한 기회 손실 방지
- 고객 리뷰 및 별점 관리로 자연 노출 유지
- 파생 상품 소싱으로 키워드 확장
- 상세페이지 점진적 고도화

✔ 팁(TIP)

하나의 상품이 잘 팔리기 시작하면 유사 제품 3개 이상 신규 소싱하세요.

✔ 요약

단계	내용	핵심 키포인트
1단계	키워드 1개 선정	검색량 많고 경쟁 적은 키워드
2단계	쿠팡 상위 상품 조사	리뷰 수/가격/브랜드 분석

3단계	도매가 확인	1688 또는 도매매 활용
4단계	상품 소량 구매	구매대행 또는 위탁
5단계	상품 등록	제목, 썸네일, 상세페이지 신경 쓰기
6단계	광고 소액 시작	자동광고+클릭률 체크
7단계	매출 구조 만들기	리뷰, 가격, 재고, 파생상품 관리

마무리

실행이 모든 것을 바꿉니다.

상품 하나 등록하고, 광고를 하루만 돌려 보면 '이거 나도 되네?' 하는 순간이 반드시 옵니다.

쿠팡은 '돈 벌기 쉬운 플랫폼'입니다.

복잡하게 생각하지 말고 지금 바로 여러분만의 첫 키워드를 선정하고 도전을 시작하세요.

"첫 달 순이익금 200만 원 버는 건 쉽다"

전략: 키워드 1개+상품 10개+1개당 판매이익금 3,000원

많은 초보 셀러들이 쿠팡에서 어떻게 돈을 벌 수 있는지 구체적인 방법을 궁금해합니다. 복잡한 이론보다 실제로 작동하는 단순한 수익 모델을 알려 드리겠습니다. 제가 직접 경험하고 검증한 방식으로 첫 달부터 안정적인 수익을 만들 수 있는 전략입니다.

전략 개요

1. 키워드: 한 개만 집중(예: 여름 남자 반팔티)

- 하나의 키워드에 모든 역량을 집중하면 알고리즘 이해도가 높아집니다.
- 검색량이 충분하면서 경쟁이 과열되지 않은 키워드를 선택합니다.

- 계절성, 트렌드를 고려한 키워드는 초기 진입이 도움이 될 수 있습니다.

2. 상품 수: 그 키워드 안에서 파생되는 상품 10개
- 첫 상품의 반응을 보고 점진적으로 라인업 확대
- 10개 상품이 서로 경쟁하는 것이 아니라 보완하는 구조로 만들기

3. 한 개당 순이익금: 3,000원
- 빅셀 솔루션을 활용한 확실한 순이익금 도출

4. 하루 판매 목표: 한 상품당 평균 3.5개
- 10개 상품 전체로 보면 하루 35개 판매
- 주말과 평일의 판매량 차이를 고려한 평균치

수익 계산

- 3,000원×3.5개×10상품 = 하루 105,000원
- 105,000원×30일 = 월 영업이익금 약 315만 원
- 광고비, 물류비 제외하고도 이 중 200만 원은 충분히 순수익금으로 가져올 수 있음

마무리

하나의 키워드에서 파생되는 10개의 상품만 잘 다뤄도 첫 달에 충분히 200만 원을 벌 수 있습니다. 그리고 매출은 쌓이고, 수익은 점점 쑥쑥 올라갈 것입니다.

이 전략은 단순하지만 효과적입니다. 많은 초보 셀러들이 너무 많은 키워드와 카테고리에 동시에 뛰어들어 에너지를 분산하는 실수를 합니다. 하지만 성공의 비결은 '넓게'가 아닌 '깊게' 접근하는 것입니다. 한 분야에서 전문성을 쌓으면 그 노하우는 자연스럽게 다른 분야로 확장될 수 있습니다.

월 200만 원 수익, 어렵지 않습니다.

제4장

100억 셀러의
상품 소싱 전략

네이버데이터랩, 쿠팡 데이터를 활용한 상품 소싱 방법

처음 쿠팡에서 팔 만한 상품을 찾을 때 많은 셀러들이 직면하는 가장 큰 고민은 바로 이것입니다.

"뭘 팔아야 할지 모르겠어요"

이런 고민을 해결해 드리기 위해, 데이터에 기반한 확실한 소싱 방법을 소개합니다. 네이버 데이터랩과 쿠팡 1페이지 분석을 결합한 실전 소싱법이면 초보자도 팔릴 가능성이 높은 상품을 찾을 수 있습니다.

1단계: 네이버 데이터랩으로 인기 키워드 찾기

성공적인 소싱의 첫 단계는 실제 소비자들이 관심을 가지고 있는 제품을 파악하는 것입니다. 네이버 데이터랩은 이러한 '수요'를 객관적인 데이터로 확인할 수 있는 가장 좋은 도구입니다.

예:
- 여름 시즌: 슬리퍼, 쿨링티, 모기퇴치기
- 육아 용품: 아기체육관, 기저귀 정리함
- 주방 용품: 실리콘 수세미, 냄비 받침대

✔ 팁(TIP)
급상승하는 키워드보다는 연중 꾸준히 검색량이 유지되는 키워드를 선택하면 지속적인 매출을 기대할 수 있습니다.

✔ 구체적인 실행방법
- 네이버 데이터랩 접속 후 '쇼핑인사이트' 메뉴로 이동
- 분야에서 관심 있는 카테고리를 지정
- 조회 기간을 1년으로 설정하여 장기적인 트렌드 확인

(* 이 예제에선 남자 벨트를 소싱한다고 가정하겠습니다.)

2단계: 쿠팡에서 해당 키워드를 검색한다

수요를 확인했다면 공급(경쟁) 상황을 파악할 차례입니다.

네이버에서 찾은 인기 키워드를 시크릿 모드로(개인화된 결과 방지 차원) 쿠팡 검색창에 그대로 입력하여 현재 판매 중인 상품들을 분석합니다.

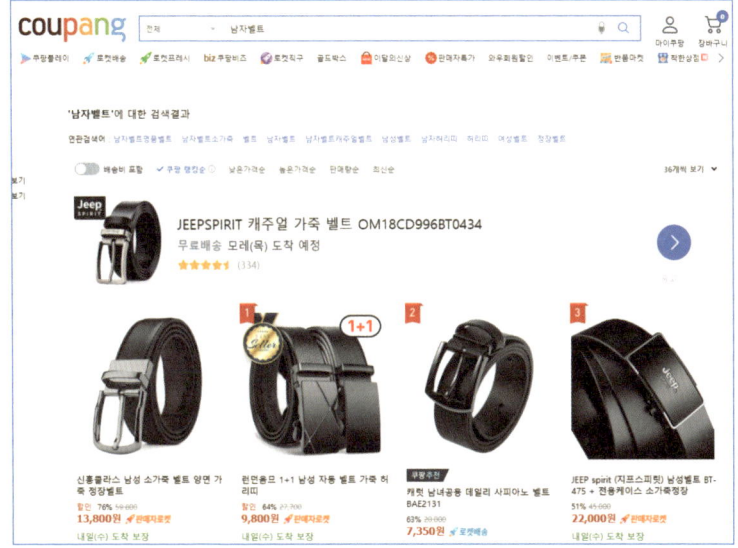

✔ 검색 후 꼭 봐야 할 항목

항목	무엇을 보나?	왜 중요한가?
판매가격	평균 가격대 확인	내가 수익을 낼 수 있는 구조인지 판단
리뷰 수	상위 10개 상품 기준	경쟁이 치열한지, 뚫을 틈이 있는지
상세페이지	구성, 사진, 설명 수준	내가 더 잘 만들 수 있는 여지가 있는지

3단계: 소싱 가능성 최종 판단하기

이제 수집한 데이터를 종합하여 실제로 소싱할 가치가 있는 상품인지 평가합니다. 다음 4가지 체크 포인트를 확인하세요.

- 수요 확인: 네이버에서 꾸준히 검색되고 있는 키워드인가?
- 경쟁 분석: 쿠팡 1페이지 리뷰 수가 1,000개 이하인가?
- 차별화 가능성: 내가 더 경쟁력 있게 판매할 방법이 있는가?(가격, 디자인 등)
- 수익성 계산: 도매가, 배송비, 수수료를 제외하고도 적정 마진이 확보되는가?

이 4가지 조건을 모두 충족하는 상품을 발견했다면, 바로 그 상품이 당신이 쿠팡에 입점시켜야 할 상품입니다.

마무리

검색량이 있는 키워드+경쟁이 약한 쿠팡 상품
= 팔릴 가능성이 높은 상품

이 방법의 가장 큰 장점은 주관적인 감이나 취향이 아닌 실제 소비자 행동 데이터와 시장 현황을 기반으로 의사결정을 한다는 점입니다. 특히 쿠팡 입점 초보자에게 리스크를 최소화하는 안전한 접근법입니다.

매일 이 프로세스를 실천하면서 시장 감각을 키워 보세요.

네이버 데이터랩 → 쿠팡 1페이지 분석 → 소싱 가능성 판단

이 세 단계를 꾸준히 반복하다 보면 어느새 여러분은 상품의 성공 가능성을 직관적으로 파악하는 능력을 갖추게 될 것입니다.

알리바바 1688 AIBUY×빅셀을 통한 소싱 방법

1688 AIBUY

1688에서의 국제 상품 소싱을 보다 쉽고 효율적으로 만들어주는 공식 AI 도구입니다. 언어 및 환율 문제를 해결하고, 판매자와의 원활한 커뮤니케이션을 지원하며, 글로벌 셀러들에게 유용한 솔루션을 제공합니다.

설치 방법

- 공식 웹사이트: https://aibuy.1688.com
- chrome 확장 프로그램: chrome 웹 스토어에 'aibuy' 검색 후 다운로드

주요 기능

- 기본 설정: 언어, 통화, 배송지 등을 설정할 수 있습니다.

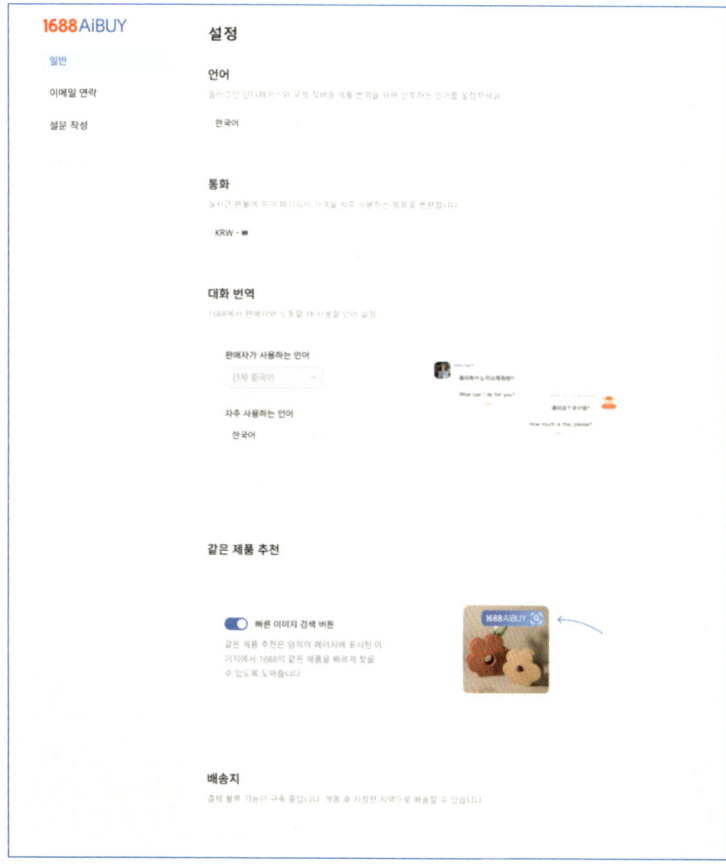

- 실시간 가격 변환: 사용자가 설정한 통화 단위로 변환하여 실시간 환율에 맞춘 금액으로 표시해 줍니다.

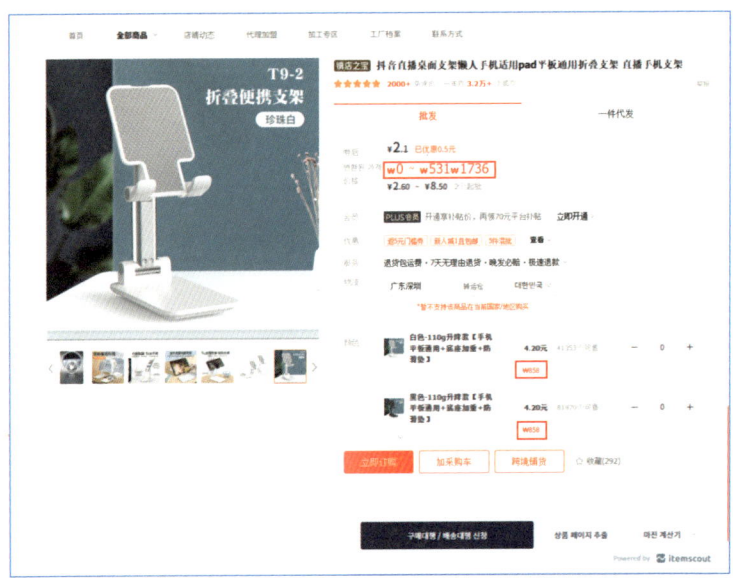

- 우측 위젯에서 통화 설정이 가능합니다.

- 이미지 텍스트 번역 : 상품 상세 정보와 설명을 선택한 언어로 자동 번역하여, 언어 장벽 없이 제품 정보를 이해할 수 있습니다. 1688 사이트에 접속 후 위젯 내에 이미지 텍스트 번역을 클릭하여 사용할 수 있습니다.

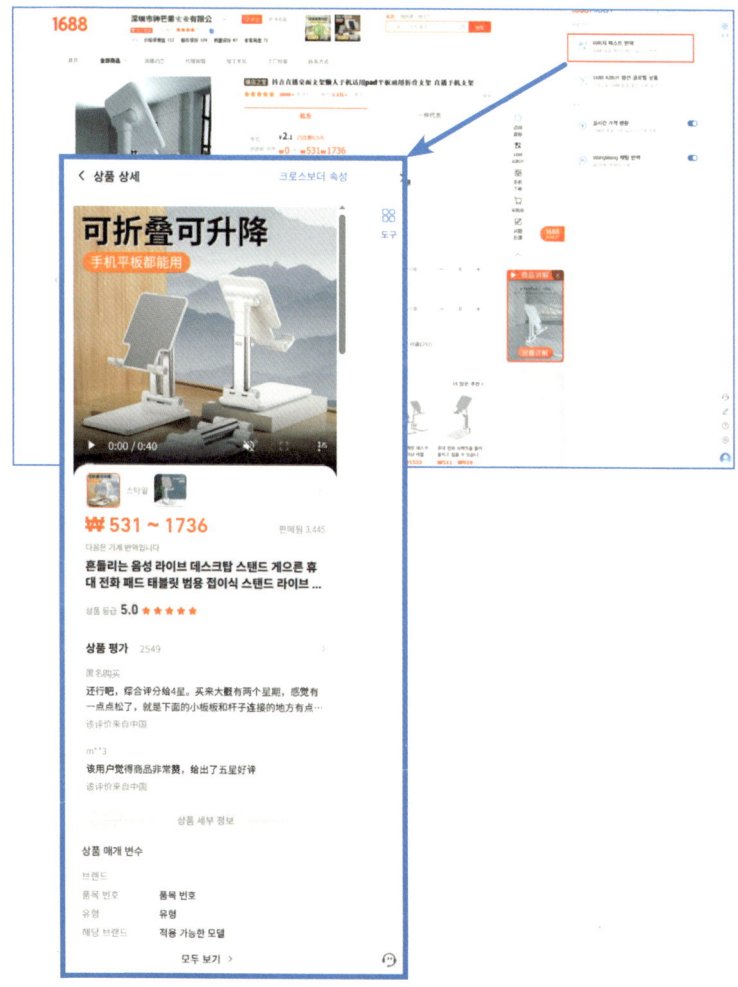

- 플랫폼 선택 상품 : 이미지를 기반으로 ai가 유사한 상품을 찾아 줍니다. 이미지를 캡처하거나, 썸네일 위에 마우스를 올리면 버튼이 활성화됩니다.

- 버튼을 클릭하면 유사한 상품을 찾아 주고, 상품을 각 필터를 활용하여 분류할 수 있습니다.

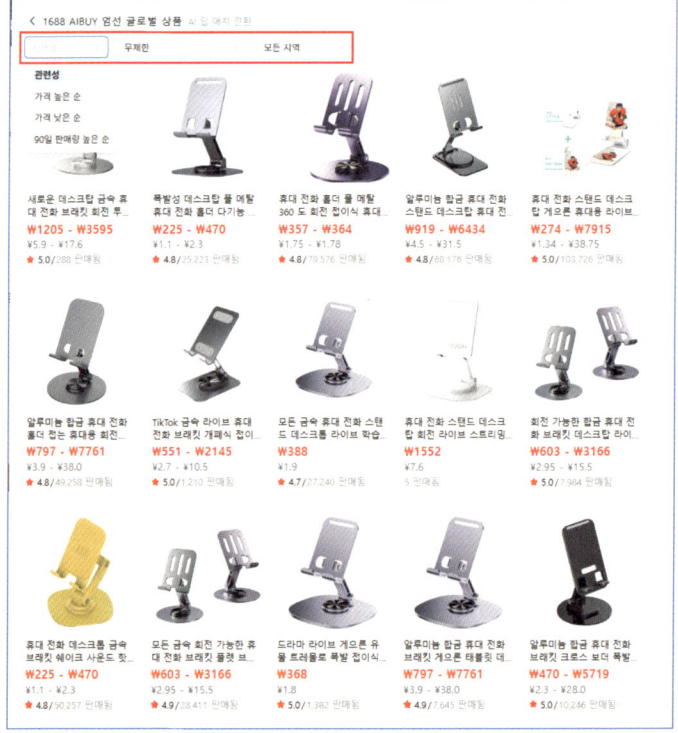

- WangWang 채팅 번역 : 1688 공식 채팅 플랫폼인 WangWang에서의 대화를 번역하여, 원활한 커뮤니케이션을 지원합니다.

- 해당 버튼을 클릭하면 자동으로 설정한 언어로 번역됩니다.

1688 AIBUY를 통한 소싱 방법

"쿠팡에서 잘 팔릴 것 같다" → *"중국에서 싸게 떼 올 수 있다"*

이 흐름이 곧 수익과 직결됩니다. 앞에서 배운 대로, 네이버 데이터랩에서 인기 키워드를 확인한 뒤, 쿠팡 검색창에 입력하고 상위 상품들을 1688에서 찾아보세요.

1688에서 검색하는 방법은 '이미지로 검색', 그리고 '키워드를 중국어로 번역해서 검색' 두 가지가 있습니다.

그중에서 이미지로 쉽게 찾는 방법을 설명해 드리겠습니다.

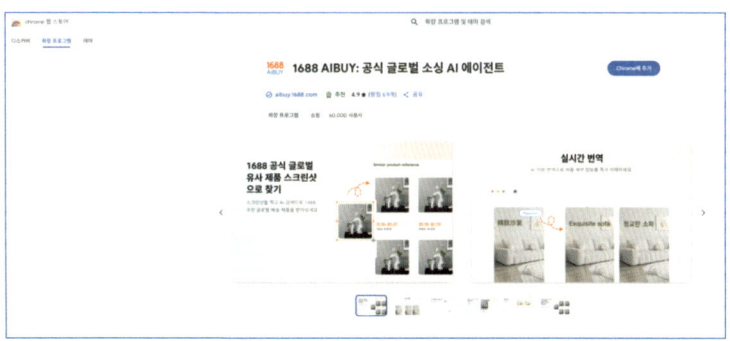

구글에서 "aibuy"라고 검색 또는 공식 사이트(https://aibuy.1688.com)에 접속하여 해당 프로그램을 설치합니다.

설치 후 쿠팡에서 썸네일에 마우스를 올리면 찾기 버튼이 생성됩니다.

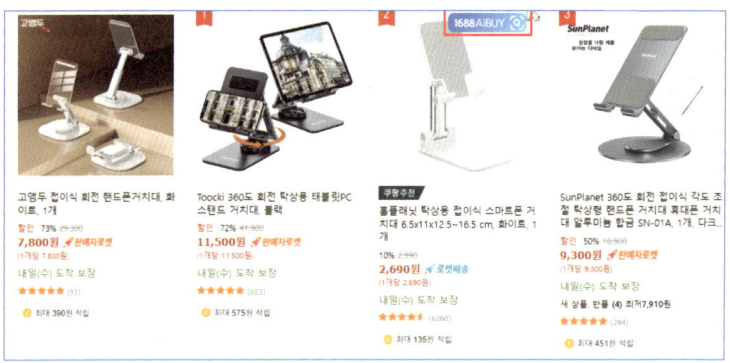

AI가 유사한 상품을 찾아 줍니다. aibuy를 이용하시면 한국 원화, 한국어로 제품을 확인하실 수 있어, 더욱 직관적으로 상품을 찾을 수 있습니다.

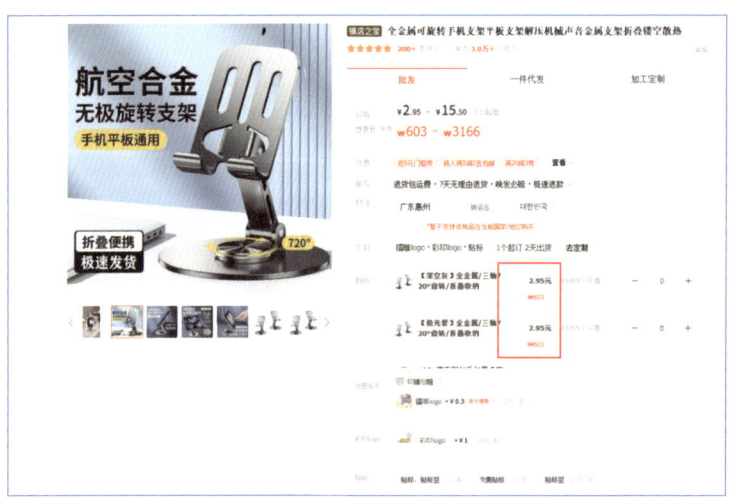

✔ **팁(TIP)**

1688 AIBUY 추천코드 (코드: bxtc)

수입 시 원가 계산

찾은 상품의 단가를 확인하여 실제 구입 시 원가가 얼마인지 계산을 해야 합니다.

원가를 편리하게 계산하기 위해서 '빅셀' 솔루션을 추천합니다.

빅셀은 쿠팡 셀러들을 위한 다양한 기능을 제공하는데 원가 계산기도 그중 하나입니다. (빅셀: https://app.bigcell.co.kr/)

빅셀 대시보드에서 '판매도구-수입 단가 및 마진 계산기'로 이동하시면 수입 단가 및 마진 계산기를 이용하실 수 있으며 계산기에서 항목을 기재하여 주시면 원가를 계산하실 수 있습니다.

또한 원가는 물론 쿠팡 판매 시 얼마가 남는지 순이익금도 계산이 가능합니다.

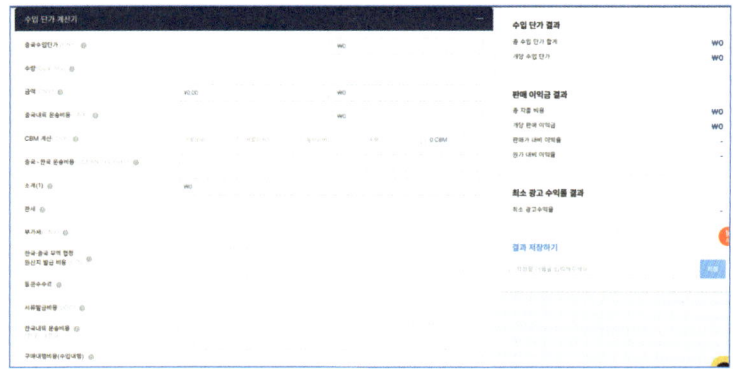

✔ 팁(TIP)

간단하게 수입원가를 계산하는 방법도 있습니다.

예:
- 중국 단가: 10위안

    10위안×실시간 환율(204) = 2,040원
- 중국~한국 물류비(배로 한국까지 오는 비용): 10%

    관세: 10%

    부가세: 10%

    한국~판매자의 운영창고까지 물류비: 10%

    20,40원×40% = 2,856원

부피가 크지 않다면 이렇게 간단하게 계산해도 실제 원가와 크게 차이가 나지 않습니다.

판매 시 순이익금 계산

초보 셀러분들은 순이익금을 정확히 계산하는 데 어려움을 느낍니다.

하지만 빅셀의 수입 단가 및 마진 계산기에 판매가, 원가, 수수료, 입출고요금 배송요금, 기타요금을 입력하시면 정확한 순이익금을 편리하게 계산하실 수 있습니다.

제5장

100억 셀러가 알려 주는 상위노출시키는 법

쿠팡 알고리즘과 노출의 원리

"노출이 매출이다. 알고리즘을 아는 자가 판을 지배한다!"

쿠팡에서 매출이 잘 나오는 상품을 보면 대부분 쿠팡 검색 상단 또는 광고 영역에 노출되어 있습니다.

'아니, 쿠팡은 어떤 기준으로 이 상품을 상단에 띄워 주는 거지?'

이 질문에 대한 답이 바로 쿠팡 '알고리즘(Algorithm)'과 '노출의 원리'입니다.

1. 쿠팡은 고객 중심의 알고리즘을 운영합니다

쿠팡은 자사몰이지만, 단순한 쇼핑몰이라기보단 검색 플랫폼에 가깝습니다.

고객이 키워드를 검색하면 쿠팡은 가장 구매 가능성 높은 상품을 우선적으로 보여 줍니다.

✔ 쿠팡의 노출 알고리즘 핵심 요소 5가지

항목	설명
클릭률(CTR)	검색 후 얼마나 많이 클릭됐는가?
전환율(CVR)	클릭 후 얼마나 많이 구매됐는가?
리뷰 수&평점	실제 구매자들의 반응은 어떤가?
판매 이력	꾸준히 팔리고 있는가?
광고 반응	광고 효과가 좋은가?(ROAS 등)

쿠팡은 이러한 요소들을 종합적으로 분석하여 '이 상품을 위에 노출시키면 고객이 좋아하겠구나'라고 판단합니다.

즉 사람들이 많이 보고, 많이 클릭하고, 많이 구매하면 알고리즘은 그 상품을 더 많이 노출시킵니다.

2. 신상품도 노출이 된다? '신규성 버프'

많은 초보 셀러들이 "리뷰가 없으면 상위 노출이 안 되는 것 아닌가요?"라고 오해합니다. 그러나 쿠팡은 신규 상품에도 기회를 제공합니다. 저는 이것을 '신규성 버프'라고 부릅니다.

상품을 처음 등록하면, 쿠팡은 일시적으로 상위 노출을 시켜 줍니다. 이는 해당 상품이 잘 팔릴 가능성이 있는지 테스트하는 과정입니다. 등록 후 첫 1~3일 안에 클릭과 구매가 발생하면, 그 상품은 상위에 더 오래 노출됩니다. 반대로 아무 반응이 없으면 노출이 빠르게 감소합니다.

　이것이 초기 광고, 썸네일, 키워드 세팅이 중요한 이유입니다.

✔ 쿠팡의 신제품 노출 프로세스

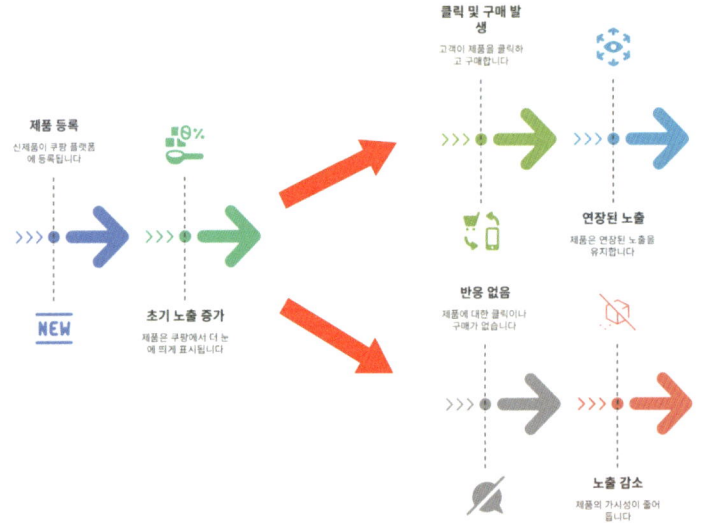

3. 노출이 곧 매출이다

　쿠팡에서는 상품이 아무리 좋아도 노출되지 않으면 판매는 이루어지지 않습니다. 쿠팡 검색 상단은 백화점 1층 매대와도 같습니다.

노출이 많아야 클릭이 생기고 클릭이 많아야 구매가 생기고 구매가 쌓이면 다시 노출이 늘어납니다.

이 선순환 구조가 '알고리즘 루프(Algorithm loop)'입니다.

요약하자면 쿠팡 알고리즘은 고객 반응 중심이며 잘 팔릴 것 같은 상품을 직접 테스트하고 결과가 좋으면 더 많은 노출을 준다는 것입니다.

✔ 노출 증대를 위한 체크리스트

항목	실전 전략
상품명	사람들이 자주 검색하는 키워드로 작성 (예: 남자 여름 반팔티 오버핏 무지)
썸네일	모바일 기준 눈에 띄고 직관적인 이미지 사용
상세페이지	정보 명확+구매욕 자극(장점 강조, 비교 사진, 후기 인용 등)
광고	퍼포먼스 자동 설정 → 클릭률 높이면 자연 노출도 올라감
리뷰 관리	친절한 응대+포장에 정성 메시지 → 리뷰는 노출을 견고하게 만듦

✔ 팁(TIP)
- 처음에는 광고와 신규성 버프를 최대한 활용
- 클릭률이 낮다면 썸네일과 상품명을 점검
- 전환율이 낮다면 가격, 상세 페이지, 리뷰를 개선

꾸준히 판매가 이루어지면 자연 노출도 지속적으로 유지됩니다. 원리만 이해하면 '왜 내 상품이 안 팔리는지'가 보이기 시작합니다.

클릭을 부르는 썸네일의 비밀

"쿠팡은 썸네일 장사다!"

쿠팡에서 상품이 팔리려면 먼저 클릭이 되어야 하며, 클릭은 썸네일이 결정합니다. 아무리 좋은 상품을 올려도 눈에 띄지 않으면 그저 '스쳐 가는 상품'이 될 뿐입니다. 썸네일은 쿠팡 상품 목록 페이지에서 가장 먼저 보이는 상품의 대표 이미지로 고객이 상품을 클릭하기 전 검색 결과나 카테고리 페이지에서 처음 마주치는 시각적 요소입니다.

썸네일이 얼마나 중요한지 확인하기 위해 똑같은 상품, 똑같은 가격, 똑같은 키워드 조건에서 썸네일만 바꿔서 직접 테스트를 진행해 보았습니다.

✔ 동일 조건에서 썸네일에 따른 클릭률 차이

썸네일	클릭률
1688 다운로드 이미지	0.5%
밝고 깔끔한 투명 배경	1.8%

　테스트 결과 클릭률이 무려 3배 이상 차이가 나는 것을 확인할 수 있습니다.
　특히 초보 셀러일수록 더더욱 썸네일에 신경을 써야 합니다.

쿠팡 썸네일, 클릭을 부르는 핵심 원리

1. 보자마자 '무슨 상품인지' 즉시 인지되어야 합니다

썸네일만 보고도 다음 질문에 답이 나와야 합니다.

- 어떤 용도의 상품인지?
- 누가 사용하는 상품인지?
- 어떤 특징을 가졌는지?

2. 시선을 사로잡아야 합니다

　쿠팡 이용자의 80% 이상은 모바일로 쇼핑을 합니다. 따라서 모바일을 기준으로 제작해야 하며 비슷한 상품의 썸네일이 한 화면에 6~8

개씩 뜨는 구조에서 내 상품이 눈에 띄어야 클릭을 유도할 수 있으며 복잡한 배경이 있다면 오히려 가시성에 방해가 됩니다.

- 배경과 소품 없이 판매할 상품만 배치
- 배경을 제거한 상품은 여러 개가 아닌 하나의 상품만 배치

(※ 출처: 쿠팡 광고 소재 제작 가이드, coupang)

3. 고객이 상상하게 만들어야 합니다

좋은 썸네일은 '이거 내가 쓰면 어떨까?', '우리 집에 있었으면 좋겠다'와 같은 감정을 자극합니다. 사람이 등장하거나 제품 사용 및 설치 장면을 보여 주는 이미지를 대표 이미지가 아닌 추가 이미지로 활용한다면 도움이 될 수 있습니다.

✔ 쿠팡 썸네일에서 절대 하면 안 되는 것들

항목	설명
텍스트 삽입	'무료배송', '1+1', '인기상품' 같은 문구 넣으면 제재 가능성
과도한 보정	실제 제품과 다른 색감, 사이즈 왜곡은 반품 증가&신고 사유
비율 어긋남	가로세로가 비정상적이면 자동 잘림
배경이 복잡함	상품보다 배경이 튀면 클릭률 급감

마무리

썸네일은 쿠팡 셀러의 '1초 세일즈맨'입니다.

설명하지 말고 보여 주세요. 단순히 상품을 잘 찍는 게 아니라 '누가 왜 써야 하는지'를 이미지로 효과적으로 전달하는 것이 핵심입니다.

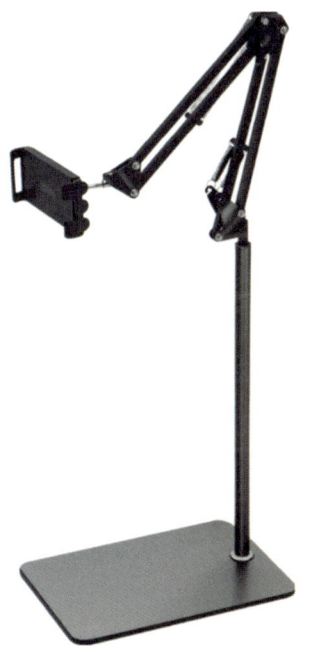

휴대폰 거치대 썸네일의 추천 예시

노출 순위의 중요성과
노출 순위를 결정하는 핵심 요소

"위에 뜨는 게 전부다. 노출 순위가 매출을 만든다"

쿠팡은 단순한 온라인 쇼핑몰이 아닌 '검색 기반 플랫폼'입니다. 고객이 상품을 검색하면 쿠팡은 판매 가능성이 높은 상품을 상위에 노출시키는 방식으로 작동합니다.

대부분의 고객은 1~2페이지만 확인하고 구매 결정을 내립니다. 따라서 쿠팡에서 상품이 팔리기 위해선 누군가의 눈에 띄어야 하고 눈에 띄려면 검색 결과 상위에 노출돼야 합니다. 즉 '노출 순위 = 생존 순위'입니다.

상위 노출된 상품은 그렇지 않은 상품과 비교해서 판매량이 10배 이상 차이가 납니다. 아무리 좋은 상품이라도 고객의 눈에 보이지 않으면 판매로 이어질 수 없습니다. 쿠팡은 클릭률이 높은 상품을 더 많이 노출시키는 구조로 노출이 없으면 클릭도 판매도 없습니다.

✔ 노출 순위에 따른 판매량 차이

노출 순위	평균 일 판매량	비고
1~5위	하루 50~200개	상위 노출, 광고 ○, 리뷰 많음
6~20위	하루 10~50개	클릭은 되지만 구매 전환율 떨어짐
30위 이하	하루 0~3개	거의 노출되지 않음

※ '실리콘 수세미' 키워드의 예시

초기에는 광고를 통해 노출을 확보해야 할 수 있지만, 상품에 대한 고객 반응이 좋아지면 자연 노출이 증가하여 광고 의존도를 줄일 수 있습니다. 결과적으로 광고비 절감과 안정적인 매출을 동시에 달성할 수 있습니다.

노출 순위를 결정하는 요소들

쿠팡의 노출 순위는 단순히 리뷰 수만으로 결정되지 않습니다. 다음과 같은 복합적인 요소들이 영향을 미칩니다. 이 요소들을 잘 관리하면 자연 노출 순위가 계속 올라갑니다.

- 클릭률(CTR): 노출된 상품 중 클릭된 비율을 의미합니다. 많은 고객이 당신의 상품을 클릭했다면 그만큼 관심을 끌었다는 뜻이므로 노출에 긍정적인 신호가 됩니다.
- 전환율(CVR): 클릭한 고객 중 실제로 구매한 비율입니다. 전환

율이 높을수록 좋은 상품으로 인식됩니다.
- 리뷰 반응: 상품에 대한 리뷰 수와 평점, 리뷰 내용입니다. 좋은 리뷰가 많을수록 상품의 신뢰도가 올라갑니다.
- 광고 효율(ROAS): 광고비 대비 매출 비율입니다. 효율이 좋은 상품은 노출에 도움이 됩니다.
- 판매 지속성: 지속적으로 판매되고 있는지 여부입니다. 품절 없이 꾸준히 팔리는 상품은 쿠팡이 더 신뢰하며 상위에 노출시킵니다.

노출 순위를 끌어올리는 핵심전략

"알고리즘이 좋아하는 상품으로 만들어라"

쿠팡의 노출 알고리즘은 생각보다 단순합니다.
클릭이 잘되고, 구매가 잘되는 상품을 더 많이, 더 자주, 더 위쪽에 보여 주는 구조입니다. 그렇다면 우리가 해야 할 일은 명확하죠.
클릭률과 전환율을 높여서 알고리즘에게 선택받는 상품을 만드는 것!
지금부터 쿠팡 노출 순위를 끌어올리는 실전 전략 5단계를 알려 드리겠습니다.

1단계: 상품명에 핵심 키워드를 정확히 포함시키기

고객은 대부분 '검색'을 통해 상품을 찾습니다.

따라서 상품명이 검색 키워드와 일치하지 않으면, 노출될 기회 자체가 줄어듭니다.

잘못된 예	올바른 예
시원한 여름 반팔티	남자 여름 오버핏 반팔티 무지 티셔츠

- 키워드는 제품명+특징+성별+계절+스타일 조합으로 구성
- 감성적이거나 광고성 문구는 줄이고, 실제 검색되는 단어 위주로 작성

2단계: 클릭률 높은 썸네일 만들기

노출되었다고 끝이 아닙니다. 쿠팡은 고객의 반응이 없는 상품을 점점 뒤로 밀어냅니다. 클릭이 없으면 노출 순위는 떨어집니다. 썸네일만 바꿔도 클릭률은 몇 배 이상 차이가 납니다.

3단계: 상세페이지로 전환율 잡기

고객이 클릭 후 구매까지 이뤄져야 '전환율(CVR)'이 올라갑니다.

쿠팡은 전환율이 높은 상품을 좋은 상품으로 판단하고 상위노출시켜 줍니다.

✔ 상세페이지 구성 핵심
- 상품의 강점, 차별점, 실사용 후기 강조
- 사이즈, 재질, 배송, AS 안내는 정확하고 명확하게
- 자주 나오는 질문에 대한 답변을 미리 구성
- 자주 반품되는 이유를 파악하고, 그 부분은 사전 보완

4단계: 광고로 초기 노출 확보 후 자연 노출로 연결

신상품은 기본적으로 노출이 부족합니다. 그래서 광고로 알고리즘에 신호를 보내는 것이 중요합니다.

광고 효율이 좋아지면 자연스럽게 자연 노출이 따라옵니다.

- 퍼포먼스 자동 광고로 클릭이 잘되는 키워드 확인
- 클릭률이 높은 키워드는 수동 전환 후 집중 관리
- ROAS보다 클릭률과 전환율을 우선 고려

✔ 팁(TIP)

광고는 단순히 노출을 사는 것이 아니라 '이 상품, 반응 좋다'는 시그널을 알고리즘에 전달하는 도구입니다.

5단계: 리뷰와 평점 관리로 순위 '고정'하기

노출 순위는 단기적인 클릭과 전환뿐만 아니라 장기적인 고객 만족

도에도 영향을 받습니다.

- 리뷰 수가 많을수록 노출 지수는 더 안정화됨
- 평점이 4.7 이상이면 상위 유지 가능성이 높아짐
- 반품률이 높으면 노출 순위가 하락할 수 있음

✔ 리뷰 관리 실전 팁
- 정성 어린 포장과 감사 메시지로 자연스러운 리뷰 유도
- 상세페이지에 자주 묻는 질문 추가
- 빠른 CS 대응으로 부정적 리뷰 방지

✔ 요약

단계	핵심 전략
1단계	상품명에 핵심 키워드 정확히 넣기
2단계	클릭률 높은 썸네일 만들기
3단계	상세페이지로 전환율 올리기
4단계	광고로 알고리즘에 반응 유도
5단계	리뷰, 평점 관리로 순위 고정

마무리

쿠팡은 반응형 알고리즘입니다.

고객이 반응하는 상품은 더 많이, 더 자주, 더 위쪽에 노출됩니다.

결국 우리가 집중해야 할 것은 단 하나입니다.

'고객의 반응을 끌어내는 상품을 만드는 것.'

노출은 우연이 아닙니다. 지금까지 설명드린 5단계를 잘 실천하면 신상품도 1페이지 상단에 오를 수 있습니다. 작은 차이가 큰 결과를 만듭니다. 이제 알고리즘을 기다리지 말고 알고리즘이 스스로 움직이게 만드세요.

판매량과 리뷰가 노출에 미치는 영향

"쿠팡 알고리즘은 고객 반응에 반응한다"

쿠팡 알고리즘은 고객 반응에 민감하게 반응합니다. 상품이 효과적으로 노출되기 위해서는 알고리즘에게 '이 상품은 고객 반응이 좋다'라는 신호를 지속적으로 보내야 합니다.

그리고 이러한 신호를 만드는 핵심 요소가 바로 판매량과 리뷰 수, 평점입니다.

1. 판매량의 영향력

"판매량이 올라가면 노출은 자연스럽게 따라온다"

쿠팡은 광고비를 많이 쓰는 상품보다 실제로 많이 팔리는 상품을 상위에 노출합니다. 왜냐하면 쿠팡도 구매 가능성이 높은 상품을 고객에게 먼저 보여 주는 것이 더 이득이기 때문입니다.

✔ 판매량이 많다는 건?
- 지금도 인기가 있다는 뜻
- 클릭 후 구매라는 전환이 잘 이뤄지고 있다는 뜻
- 다른 고객에게도 추천할 만한 상품이라는 뜻

이러한 판매량 증가는 알고리즘에게 이 상품은 잘 팔린다는 메시지를 전달하고, 결과적으로 상위 노출이 강화되는 선순환 구조를 만듭니다.

2. 리뷰의 중요성

"리뷰 수는 신뢰도 점수다"

쿠팡 알고리즘은 리뷰를 고객의 실시간 반응 지표로 활용합니다. 리뷰가 많다는 것은 실제 구매자가 많다는 증거이며 리뷰가 꾸준히 증가한다는 것은 상품이 지속적으로 판매되고 있다는 의미입니다.

- 리뷰 수 100개 이상: 노출 안정 구간 진입

- 리뷰 수 500개 이상: 광고 없이도 상위 유지가 가능성 높음

3. 평점의 영향

"평점이 높으면 노출 유지에 유리하다"

쿠팡 알고리즘은 리뷰의 양뿐만 아니라 질적인 측면도 중요하게 평가합니다.

- 평점 4.7 이상: 고객 만족도가 높다고 판단되어 더 오래, 더 많이 노출됨
- 평점 4.2 이하: 노출 순위가 점차 하락하고 광고 효율도 감소

✔ 주의해야 할 패턴

광고비는 동일한데 매출이 감소한다면 리뷰 평점을 확인해 보세요. 반품률이 증가하고 있다면 리뷰 내용에서 원인을 찾을 수 있습니다.

✔ 판매와 리뷰의 시너지 효과

전략
초기 10~20개는 광고로 빠르게 판매 → 첫 리뷰 확보
제품 포장에 '정성 메시지+리뷰 유도 문구' 삽입

자주 나오는 불만족 키워드는 상세페이지에 미리 답변
별점 낮은 리뷰에는 빠르고 친절하게 대응
후기 중 좋은 문장은 상세페이지에 활용하여 신뢰 강화

✔ 요약

항목	노출에 주는 영향
판매량	많이 팔릴수록 '잘나가는 상품'으로 판단 → 더 많이 노출
리뷰 수	실구매 증거 → 리뷰가 많을수록 신뢰 상승 → 노출 강화
평점	만족도 지표 → 4.7 이상이면 유지, 낮으면 순위 하락 가능성

마무리

　쿠팡은 상품을 직접 평가하지 않습니다. '고객의 행동'을 통해 상품을 판단합니다. 판매량이 많고 리뷰가 풍부하며 고객 만족도가 높은 상품은 알고리즘이 자연스럽게 우선 노출시킵니다.

　따라서 상품 등록 후 가장 먼저 집중해야 할 것은 초기 판매를 창출하고 양질의 리뷰를 확보하는 것입니다. 이것이 바로 쿠팡에서 노출 순위를 높이는 가장 효과적인 방법입니다.

신규성 버프 · 체험단 · 광고로 상위노출시키는 법

쿠팡에 새로운 상품을 등록했다고 해서 바로 매출이 발생하지는 않습니다. 그러나 쿠팡은 신규 상품에게도 기회를 제공하는데, 이를 '신규성 버프'라고 부릅니다. 이 기회를 효과적으로 활용하면 상위 노출, 초기 매출 확보, 그리고 자연 순위 안착까지 빠르게 이어 갈 수 있습니다.

1. 신규성 버프를 이해하고 활용하라

'신규성 버프'는 쿠팡이 새로 등록된 상품을 일시적으로 상단에 노출시켜 초기 반응을 테스트하는 시스템입니다.

이 버프는 보통 등록 후 1~3일 정도 지속되며, 이 시기에 클릭과 구매가 발생하면 상위노출이 유지됩니다. 하지만 반응이 없으면 빠르게 노출이 사라집니다.

✔ 신규성 버프 실전 운영 전략
- 상품 등록 전, 썸네일, 상품명, 상세페이지를 완벽하게 최적화
- 등록 후 24시간 안에 첫 클릭과 구매가 일어나도록 유도
- 신규 상품 태그와 광고 세팅을 동시에 진행

2. 체험단으로 리뷰를 빠르게 확보하라

알고리즘은 리뷰를 매우 중요하게 여기는데 신규 상품은 리뷰가 부족하여 신뢰도가 낮은 상태입니다. 이때 체험단을 활용하면 안전하고 빠르게 초기 리뷰 확보가 가능합니다. 체험단 리뷰는 단순히 개수 확보용이 아니라, 전환율을 높이는 무기로 활용해야 합니다.

✔ 체험단 진행 시 핵심 포인트

항목	기준
모집 플랫폼	네이버 카페, 인스타, 체험단 솔루션
리뷰 기준	300자 이상+실제 사용 사진
주의 사항	대가성 표기 필수, 광고성 문구 제한, 자연스러운 후기가 중요

✔ 실전 팁(TIP)
- 체험단은 초기 5~10명만으로도 충분
- 리뷰에 제품 장점이 드러나면 전환율에도 큰 도움
- 체험단 후 리뷰는 상세페이지에 인용해도 효과적

3. 광고로 노출 신호를 보내라

신상품은 쿠팡 내 검색 및 클릭 데이터가 전무하기 때문에, 광고를 통해 알고리즘에 신호를 보내는 것이 필수입니다.

광고와 신규성 버프가 동시에 작동하면 노출이 폭발적으로 증가할 수 있습니다.

✔ 초보 셀러를 위한 실전 광고 전략

항목	내용
광고 종류	퍼포먼스 자동 광고(초기엔 가장 안정적)
예산 설정	하루 5,000~10,000원 소액으로 시작
키워드 전략	상품명에 포함된 주요 키워드 자동 노출

✔ 실행 순서
- 상품 등록 직후 바로 자동광고 세팅
- 3~5일간 데이터 수집
- 클릭률 높은 키워드는 수동 전환하여 집중 운영
- ROAS보다 클릭률, 전환율 중심으로 판단

신규 상품을 상위에 노출시키고 유지하기 위해 세 가지 요소를 동시에 실행해야 합니다.

✔ 요약

요소	역할	효과
신규성 버프	일시적 상위 노출 기회	클릭, 구매 발생 시 자연 노출 유지
체험단 리뷰	초기 신뢰 확보	전환율+평점 상승
광고	노출 확보+알고리즘 자극	클릭률 상승 → 상위 노출 강화

마무리

 신규성 버프는 쿠팡이 제공하는 중요한 기회입니다. 체험단은 상품의 신뢰도를 구축하고 광고는 알고리즘에 긍정적인 신호를 보냅니다. 이 세 가지 요소를 효과적으로 연결하면, 신규 상품도 검색 결과 1페이지 상단에 자리 잡고 안정적인 매출 구조를 빠르게 구축할 수 있습니다.

 쿠팡 알고리즘이 상품을 밀어주는 구조를 이해하고 활용하는 것이 성공의 핵심입니다.

제6장

광고비 30억 원 사용 후 알아낸 쿠팡 광고 전략

데이터 분석하여 광고비 줄이기

"감으로 광고하지 마라. 데이터가 답이다"

광고를 하면 매출이 늘 것 같지만 막연하게 광고를 집행하면 손해를 볼 수도 있습니다. 따라서 쿠팡 광고는 반드시 데이터 기반 분석으로 운영해야 합니다.

- 클릭은 되는데 안 팔리면 → 광고비 낭비
- 클릭도 안 되면 → 상품, 키워드 문제

광고비를 아끼면서 매출을 늘리는 실전 전략을 알려 드리겠습니다.

1단계: 클릭률(CTR)을 먼저 확인하라

클릭률 'CTR(Click Through Rate)'은 광고가 얼마나 매력적인지 보여 주는 지표입니다. 노출은 됐는데 클릭이 없다면 썸네일, 상품명, 가격에 문제가 있다는 뜻입니다.

기준	해석
CTR 1% 이상	괜찮은 편
CTR 2% 이상	매우 우수
CTR 0.5% 이하	썸네일, 상품명 개선 필요

광고비를 줄이려면 CTR 1% 미만 키워드는 과감히 끄거나 개선하세요.

2단계: 전환율(CVR)로 구매 유도력을 진단하라

전환율 'CVR(Conversion Rate)'은 클릭한 사람 중 실제로 구매한 비율입니다. 클릭은 많은데 구매가 없다면 상세페이지, 리뷰 수, 가격, 배송 조건을 점검해야 합니다.

기준	해석
CVR 3~5%	평균적
CVR 5% 이상	매우 우수
CVR 2% 이하	상세페이지 개선 필요

광고비를 줄이려면 CVR이 낮은 키워드 광고는 과감히 끄거나 수정하세요.

3단계: 광고수익률(ROAS)보다 클릭률과 전환율을 먼저 보라

많은 셀러가 ROAS(광고 수익률)만 보고 광고 효율을 판단하지만 ROAS는 결과 지표이고 CTR과 CVR은 과정의 품질 지표입니다.

특히 신상품이나 신규 키워드는 클릭률과 전환율이 먼저 개선되어야 ROAS도 상승합니다.

4단계: 소액 예산으로 고효율 키워드만 남기기

- 자동광고를 3~7일간 돌리기
- 광고 리포트에서 CTR ≥ 1%, CVR ≥ 3% 키워드 추출
- 해당 키워드는 수동광고로 전환 후 집중 운영
- 나머지는 키워드는 과감히 꺼서 광고비 절감

5단계: 광고 없이도 팔리는 구조로 전환하기

광고를 통해 찾은 핵심 키워드는 상세페이지, 상품명, 리뷰, 이미지

등에 적극 반영하세요.

  광고데이터를 수집, 자연 노출을 만드는 과정이 결국 광고비를 줄이고 매출을 안정시키는 길입니다.

✔ 요약

지표	의미	기준
CTR	썸네일, 상품명의 매력도	1% 이상 유지
CVR	상세페이지·상품의 전환력	3~5% 이상 유지
ROAS	결과지표(2차 분석용)	300% 이상이면 유지, 그 이하는 구조 점검

마무리

  데이터는 거짓말하지 않습니다. 감으로 광고하지 말고, 숫자로 운영하세요.

  광고비를 아끼고 싶다면, 클릭률과 전환율부터 점검하세요.

  그 숫자들이 말해 줍니다.

  어디를 고치고, 어디에 집중해야 할지를 말이죠.

데이터 분석하여 광고 효율지수 올리기

"ROAS는 결과, CTR과 CVR은 과정이다"

광고 성과는 숫자가 답해 줍니다. 하지만 어떤 숫자를 봐야 할까요? 많은 셀러가 광고를 돌리고 가장 먼저 'ROAS(광고 수익률)'를 확인합니다.

하지만 진짜 효율 개선을 원한다면 ROAS만 보는 것이 아니라 그 결과를 만든 과정을 분석해야 합니다. 즉 '클릭률(CTR): 광고가 얼마나 매력적인지', '전환율(CVR): 클릭이 실제 구매로 이어지는지' 이 두 가지 데이터를 함께 분석해야 진정한 효율 개선이 가능합니다.

1. ROAS는 '결과 지표'다

ROAS = (광고를 통해 얻은 매출 ÷ 광고비) × 100

ROAS는 결과이기 때문에 무엇이 ROAS를 만들었는지 원인(CTR, CVR)을 추적해야 효율을 끌어올릴 수 있습니다.

예시	설명
ROAS 300%	10만 원 광고 → 30만 원 매출 발생
ROAS 100%	광고비와 매출이 동일 = 이익 없음
ROAS 500% 이상	효율적 광고, 유지 or 확대 고려

2. CTR(클릭률) 높이기 = 광고비 낭비 줄이기

$CTR = (클릭 수 \div 노출 수) \times 100$

클릭률이 낮다는 것은 광고가 많이 노출되더라도 고객의 관심을 끌지 못한다는 의미입니다. 이는 광고비만 소모되고 실질적인 효과가 없다는 것을 의미합니다. 반면, 클릭률이 높을수록 광고가 효율적으로 작동하고 있다는 신호입니다.

기준	해석
CTR 1% 이상	괜찮은 편
CTR 2% 이상	매우 우수
CTR 0.5% 이하	썸네일, 상품명 개선 필요

3. CVR(전환율) 높이기 = 클릭을 매출로 바꾸기

$CVR = (구매\ 수 \div 클릭\ 수) \times 100$

전환율이 낮다면 아무리 많은 클릭이 발생해도 실제 매출로 연결되지 않습니다. 이는 상세페이지, 가격, 배송 조건 등에 문제가 있을 가능성을 말해 줍니다.

기준	해석
CVR 3~5%	평균적
CVR 5% 이상	매우 우수
CVR 2% 이하	상세페이지 개선 필요

✔ 요약

지표	목적	개선 포인트
CTR	클릭 유도	썸네일, 상품명, 키워드
CVR	구매 전환	상세페이지, 가격, 리뷰
ROAS	최종 효율	CTR+CVR의 결과, 판단 기준으로 활용

마무리

ROAS는 광고 효율의 결과를 보여 주는 지표입니다. 진정한 광고 효율 향상을 위해서는 클릭률과 전환율이라는 두 과정 지표를 먼저 분석하고 개선해야 합니다.

  데이터는 거짓말하지 않습니다. 클릭률과 전환율이 높은 키워드에 집중하고, 성과가 좋지 않은 키워드는 과감하게 줄이면 광고비는 감소하고 ROAS는 상승하는 효율적인 광고 운영이 가능합니다.

데이터 분석하여 똑똑하게 광고 관리

"감이 아니라, 숫자로 광고를 관리하라"

쿠팡 광고는 단순히 예산을 늘린다고 매출이 증가하지 않습니다. 중요한 것은 광고의 질적 관리입니다. '얼마를 썼느냐'보다 '어디에 썼고, 얼마를 남겼느냐'가 더 중요한 요소입니다.

데이터를 기반으로 광고를 효율적으로 관리하는 방법을 알아보겠습니다.

1. 자동광고로 시작하고, 수동으로 전환하라

초보 셀러는 자동광고로 시작하는 것이 좋습니다. 쿠팡 알고리즘이 자동으로 반응이 좋은 키워드를 실험해 주고 이는 데이터 수집에 가장 효율적인 방법이기 때문입니다.

✔ 추천 프로세스
- 자동 광고로 3~5일간 데이터 수집
- CTR(클릭률)과 CVR(전환율)이 높은 키워드 선별
- 선별된 키워드만 수동광고로 전환하여 집중 운영

이 방식의 장점은 다음과 같습니다.

- 비효율적인 키워드 제거로 광고비 낭비 최소화
- 효율이 높은 키워드에 집중하여 ROAS(광고 수익률) 상승

2. 매주 리포트를 확인하고 판단하라

광고는 한 번 세팅하고 끝나는 게 아닙니다.

최소 주 1회 광고 리포트를 분석해 불필요한 키워드는 끄고 효율적인 키워드는 확대 운영하는 습관이 필요합니다.

✔ 매주 확인할 광고 리포트 지표

매주 확인할 지표	이유
CTR	클릭이 유도되고 있는가?(썸네일, 상품명 문제 여부 진단)
CVR	클릭 후 구매로 이어지는가?(상세페이지, 가격 영향)
ROAS	광고 대비 수익이 나고 있는가?(효율 판단 기준)

3. 광고 키워드를 성과별로 분류하라

수집된 데이터를 기반으로 광고 키워드를 3등급으로 나누세요. C급 키워드만 제거해도 광고 효율은 확 오릅니다.

분류	조건	효과
A급 (효자 키워드)	CTR > 1.2% / CVR > 4% / ROAS > 300%	유지+예산 확대
B급 (잠재 키워드)	CTR은 양호, CVR 낮음	상세페이지 개선+테스트 유지
C급 (비효율 키워드)	CTR,CVR 모두 낮음 / ROAS < 200%	OFF 또는 교체

4. 광고 성과를 상품별로 비교 관리하라

광고는 키워드별로도 중요하지만, 상품별로 어떤 광고가 효율이 좋은지도 분석해야 합니다.

✔ 판매 상품이 여러 개일 경우

상품명	광고비	매출	ROAS	판단
무지 오버핏 반팔티	30,000원	150,000원	500%	유지&확대
기능성 여름티	50,000원	70,000원	140%	광고 정리 필요

5. 광고 데이터를 상품 개선에 활용하라

쿠팡 광고 데이터는 단순히 광고를 위한 게 아니라 상품 개선을 위한 중요한 인사이트를 제공합니다. 데이터를 상품 운영 전략의 나침반으로 활용하세요.

현상	의미	개선 포인트
CTR 높고 CVR 낮음	관심은 많지만 구매는 안 함	상세페이지, 가격, 옵션 개선
CTR 낮고 CVR 높음	상품은 좋은데 관심 못 끌음	썸네일, 상품명 개선
특정 키워드 ROAS 높음	타겟 명확	유사 키워드 확대 or 파생 상품 기획

✔ 요약

전략	설명
자동광고로 시작 → 수동전환	효율 키워드만 추출해 집중 운영
CTR, CVR, ROAS 주간 점검	광고 성과의 원인 추적 및 개선
키워드 A, B, C급 분류	광고비 낭비 없는 구조화
상품별 광고 비교 분석	효율 좋은 상품 중심 운영
데이터 기반 상품 개선	클릭률, 전환율 수치로 상품 개선 방향 결정

마무리

 광고는 기술이 아니라 관리입니다. 데이터를 보고, 잘되는 건 살리고 안 되는 건 끄는 것. 그게 가장 똑똑한 광고 운영입니다.

 쿠팡 광고는 더 이상 감으로 운영하지 마세요. 데이터가 모든 것을 알려 줍니다. 데이터 기반의 의사결정을 통해 광고비는 줄이고 매출은 늘리는 효율적인 광고 운영이 가능합니다.

제7장

100억 셀러가 만든 솔루션, 빅셀을 활용한 최적화 판매 전략

빅셀이란?

'빅셀(BIGCELL, https://app.bigcell.co.kr)'은 쿠팡 매출 관리에 특화된 데이터 분석 솔루션입니다. 빅셀은 쿠팡 셀러들이 판매 데이터를 효과적으로 분석하고 관리할 수 있도록 설계되었으며 매출 증대를 위한 다양한 기능을 제공합니다. 별도의 프로그램 설치나 컴퓨터 설정 변경이 필요 없고 복잡한 사용법을 배우지 않아도 쿠팡 셀러들을 위한 기능을 쉽게 활용할 수 있습니다.

빅셀의 주요 기능

- 광고 분석 및 판매 순위 추적
- 입고 예정 수량 및 쿠팡 재고 관리
- 광고 판매 수량과 자연 판매 수량 구분
- 매출 및 순이익금 분석

- 옵션별 쿠팡 매출 확인
- 광고 집행 순이익금 분석

향후 제공 예정 기능

빅셀은 현재 제공 중인 기능 외에도 다양한 업데이트를 준비하고 있습니다.

- 쿠팡 상품 가격 추적(모니터링) 가능
- 쿠팡 광고 비용 예산 집행 자동화
- 쿠팡 외 네이버, 옥션, 지마켓 등 타 플랫폼 지원

빅셀 활용 전략

쿠팡에서 성공적인 판매를 위해서는 데이터 기반의 의사결정이 필수적입니다. 빅셀을 활용하면 다음과 같은 전략을 효과적으로 구현할 수 있습니다.

- 광고 효율성 분석 및 최적화
- 재고 관리 효율화
- 판매 추세 파악 및 대응

- 경쟁 상품 모니터링
- 수익성 높은 상품 식별 및 집중 투자

마무리

빅셀 솔루션은 쿠팡 셀러들에게 매출 증대를 위한 종합적인 데이터 분석 도구를 제공함으로써 효율적인 판매 전략 수립과 실행을 가능하게 합니다. 쿠팡에서의 성공적인 판매를 위해 빅셀과 같은 데이터 분석 솔루션의 활용을 적극 고려해 보시기 바랍니다.

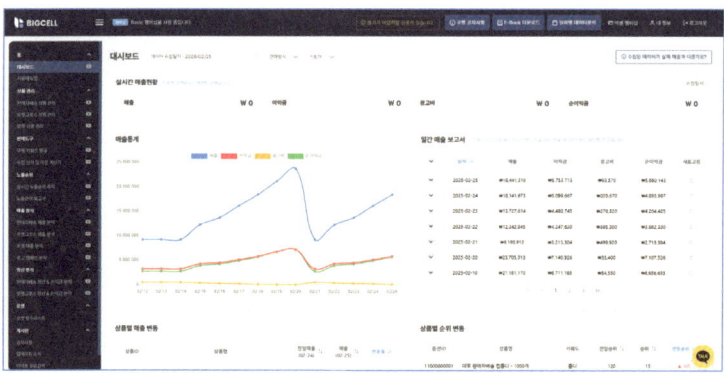

키워드 발굴 및 분석

빅셀의 키워드 발굴 및 분석 기능은 쿠팡 셀러들에게 매우 강력한 도구입니다. 이 기능을 통해 키워드의 검색량, 클릭수, 월노출광고수, 경쟁강도 등의 데이터와 함께 쿠팡 자동완성 키워드 및 연관 키워드 데이터를 확인할 수 있습니다.

키워드 데이터의 중요성

쿠팡은 일정한 파이를 쪼개 먹는 시장 특성을 가지고 있어 키워드별 데이터 분석이 매우 중요합니다. 효과적인 키워드 전략은 상품의 노출과 판매에 직접적인 영향을 미치며, 경쟁이 적은 틈새시장을 발견하는 데 핵심적인 역할을 합니다.

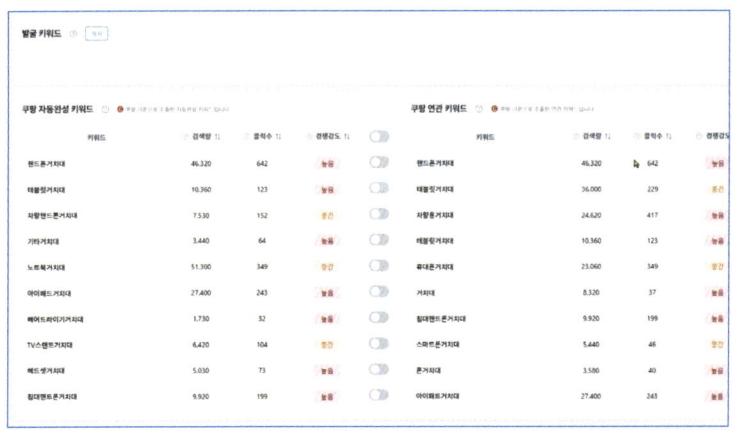

　키워드 발굴 및 분석 데이터를 활용하면 경쟁이 적은 새로운 시장을 발견하고 타깃 고객에게 더 효과적으로 접근할 수 있습니다. 쿠팡의 경쟁 시장에서 성공하기 위해서는 데이터에 기반한 키워드 전략이 필수적입니다. 빅셀의 키워드 발굴 및 분석 기능을 활용하여 더 넓고 경쟁자가 없는 시장에서 상품을 판매해 보세요.

노출 순위 및 분석

"노출 순위가 곧 매출이다"

이 말은 과장이 아닙니다. 동일한 키워드로 검색했을 때 1페이지에 노출된 상품과 3페이지에 노출된 상품의 판매량은 무려 3배 이상 차이가 날 정도로 노출 순위는 '돈을 버는 것'과 깊은 연관이 있습니다. 빅셀의 노출 순위 보고서와 실시간 노출 순위 추적기능은 이러한 중요한 데이터를 쉽게 확인할 수 있게 도와줍니다.

노출 순위 보고서

노출 순위 보고서에 상품의 URL과 타깃팅하는 키워드를 입력하면 매일 노출 순위를 조회할 수 있으며 매출분석, 광고 분석, 대시보드 내에 연동되어 일자별로 확인할 수 있습니다. 또한 일자별 순위 변화를 차트로 편리하게 확인이 가능하여 장기적인 트렌드를 파악할 수 있습니다.

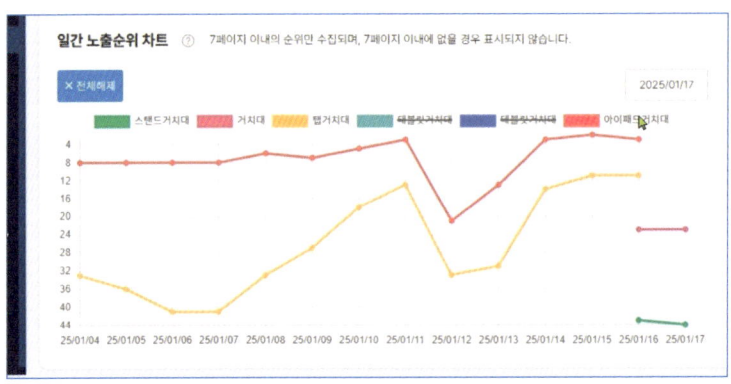

실시간 노출 순위 추적

실시간 노출 순위 추적에 상품의 URL과 타깃팅하는 키워드를 입력하면 해당 키워드에 대한 현재 노출 순위를 실시간으로 확인하실 수 있습니다.

이를 통해 다음과 같은 인사이트를 얻을 수 있습니다.

- 노출 순위가 떨어졌다면?: 광고 성과나 리뷰, 판매량 등을 점검
- 순위가 올라갔다면?: 어떤 원인(광고, 리뷰, 클릭률 등)이 영향을 줬는지 분석

✔ 팁(TIP) 1

경쟁사의 상품을 노출 순위 보고서에 등록하여 경쟁사 상품의 노출 변화 추이를 분석할 수 있습니다. 이 데이터를 활용해 경쟁사가 언제 광고를 했는지, 어떤 키워드에서 밀고 있는지, 순위가 변하는 시점이 언제인지를 예측할 수 있습니다.

✔ 팁(TIP) 2

광고, 체험단, 쿠폰 등 어떤 마케팅을 진행했을 때 노출 순위가 어떻게 변화하는지 직관적으로 확인할 수 있습니다.

예:
체험단을 진행했는데 3일 후 순위가 2페이지에서 1페이지로 상승
→ 리뷰/전환율 상승이 실제 노출에 영향을 준 증거

광고 분석

"쿠팡의 꽃은 광고다"

쿠팡은 광고 단가가 높은 편이지만 그만큼 광고가 매출에 미치는 영향력은 절대적입니다. 상품 노출, 클릭, 구매까지 이어지는 모든 전환 흐름이 광고와 직결되어 있기 때문에 광고 성과를 분석하고 최적화하는 일은 수익률 향상의 핵심이라 할 수 있습니다.

특히 광고 효율이 곧 수익성으로 연결되는 구조에서 단순히 광고를 '집행만 하는 것'으로는 부족합니다. 이제는 빅셀을 통해 데이터 기반으로 광고의 ROI(광고 투자 대비 수익)를 철저히 분석하고 전략적으로 대응해야 합니다.

빅셀을 활용한 광고 분석

빅셀의 '매출 분석' 탭에서는 판매 유형별로 쿠팡 광고 성과를 정밀하게 확인할 수 있습니다.

단순한 매출 수치만이 아니라, 판매유형별로 나누어 광고 효과를 수치화한 핵심 지표들이 정리되어 있어, 누구나 손쉽게 성과를 비교하고 판단할 수 있습니다.

분석 가능한 주요 지표는 다음과 같습니다.

- 판매 데이터: 판매량, 매출, 이익금, 광고비, 순이익
- 광고 성과 지표: 노출수, 클릭수, 클릭률(CTR), 전환율(CVR), 전환당 비용(CPA)

이러한 데이터들을 종합적으로 비교 분석함으로써 어떤 키워드가 잘 작동하고 있고 어떤 광고가 비효율적인지 한눈에 파악할 수 있습니다.

✔ 팁(TIP) 1

매일 클릭당 비용(CPC), 전환율(CVR), 노출 순위를 체크하세요.

특정 키워드에 얼마의 입찰가를 설정했을 때, 어떤 순위에 노출되었고, 전환율은 어떤 결과를 보였는지를 추적해 보는 것이 중요합니

다. 이렇게 반복적으로 데이터를 추적하면, 키워드별 '가성비'를 명확하게 파악할 수 있습니다.

✔ 팁(TIP) 2

확인한 데이터를 바탕으로 입찰가를 조정하고, 광고비를 재배분해 보세요.

전환율은 낮고 클릭당 비용이 비싼 키워드의 예산을 줄이고, 효율이 좋은 키워드에는 더 집중 투자하는 방식으로 광고비를 전략적으로 운영하면 ROAS(광고 수익률)가 눈에 띄게 개선됩니다.

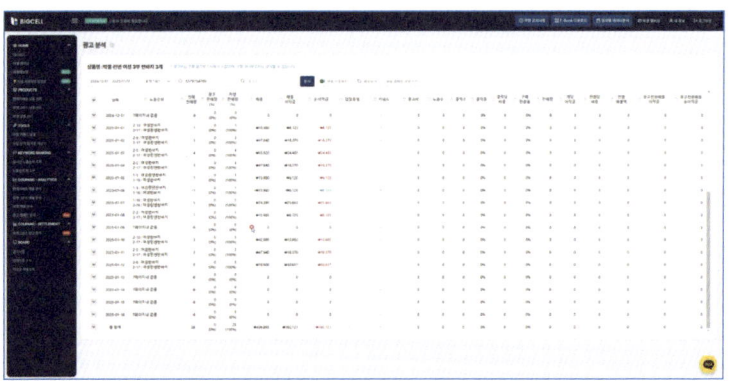

정산서 분석

"나의 판매 성적표: 정산서"

쿠팡 판매자라면 단순히 매출만 보고 기뻐하기엔 이릅니다.

쿠팡은 기본 수수료 외에도 입출고 요금, 보관료, 배송비 등 다양한 부대비용이 추가로 발생합니다. 이러한 비용들을 정확히 파악하지 못하면 눈에 보이는 매출과 실제 수익 사이에 큰 오차가 생길 수 있습니다.

그래서 필요한 것이 바로 '정산서 분석'입니다. 정산서 분석은 사업의 실제 수익 구조를 들여다보는 가장 정확한 기준이 됩니다.

빅셀을 활용한 정산서 분석

빅셀의 '정산서 분석' 탭에서는 단순 정산 금액만이 아니라 세부 비용 항목과 상품별 수익성을 입체적으로 분석할 수 있습니다.

주요 확인 가능한 데이터는 다음과 같습니다.

- 판매 지표: 판매량, 매출, 이익금
- 정산 관련 지표: 정산 대상액, 실정산액, 입출고비, 배송비, 보관료 등

이 데이터들을 통해, 어떤 상품이 수익은 높지만 비용 구조가 비효율적인지, 또는 판매량은 적지만 고수익 상품인지를 구체적으로 파악할 수 있습니다.

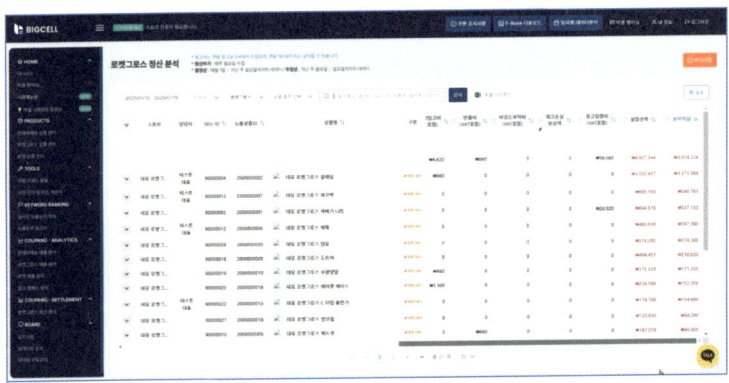

정산서 분석이 중요한 이유

많은 초보 셀러들이 판매량이나 매출 중심으로만 성과를 판단합니다.

하지만 실제로 정산서상에서 입출고비나 보관비가 많이 발생하는 구조일 경우 겉보기 매출은 괜찮아 보여도 실제 손익은 마이너스일 수 있습니다.

정산서 분석을 통해 판매 구조를 해부하면, 다음과 같은 전략적 판단이 가능해집니다.

- 불필요하게 창고 보관료가 발생하는 상품 정리
- 입출고비가 높은 구조 개선(예: 소량 반복 입고를 묶음 입고로 전환)
- 이익률은 낮지만 회전이 빠른 상품과의 균형 조절

✔ 팁(TIP) 1

정산서 데이터를 주기적으로 확인하면서 상품별 수익성과 비용 구조를 비교해 보세요.

✔ 팁(TIP) 2

광고 분석과 정산 분석을 함께 보세요. 광고로 유입된 매출이 실제로 얼마의 순이익으로 연결되는지를 정산서로 확인하면 광고 효율까지 동시에 평가할 수 있습니다.

제8장

쿠팡 마켓플레이스의 이해

쿠팡이 대한민국 e커머스를 장악한 이유

"소비자가 먼저 옮겼고, 판매자는 따라왔다"

쿠팡은 2010년 설립 이후 한국의 온라인 쇼핑 환경을 완전히 변화시켰습니다. 2024년 기준 한국 e커머스 시장에서 22.8%의 점유율을 차지하며, 2028년까지 약 35%까지 성장할 것으로 예상됩니다. 이러한 성공 뒤에는 몇 가지 핵심 요인이 있습니다.

1. 쿠팡은 '쇼핑'을 '검색'으로 바꿨다

예전에는 쇼핑하려면 네이버, 11번가, G마켓, 스마트스토어 등 여러 사이트를 돌며 가격을 비교해야 했습니다.
하지만 쿠팡은 이 과정을 단 한 번의 검색으로 대체했습니다. 많은 소비자들은 이제 이렇게 말합니다.

"그냥 쿠팡에서 한번 검색해 볼까?"

쿠팡은 더 이상 단순한 쇼핑몰이 아닌 '쇼핑 검색 플랫폼'으로 자리매김했습니다.

네이버가 '정보 검색'을 장악했다면 쿠팡은 '상품 검색'을 장악한 셈입니다.

2. 로켓배송이 만든 '무조건 쿠팡' 습관

쿠팡이 대한민국 e커머스를 지배한 결정적 무기,
바로 '로켓배송'입니다.

오늘 주문하면 내일 도착하는 빠른 배송, 무료배송, 그리고 무료반품까지 제공하는 서비스는 소비자들의 쇼핑 습관을 완전히 바꿔 놓았습니다.

이런 서비스를 한두 번 경험한 고객은 다른 곳에서 쇼핑하기 어려워집니다. 속도와 편의성이 고객의 '기준'을 바꿔 버렸고, 쿠팡은 이 기준을 선점하여 e커머스 습관을 통째로 쿠팡 중심으로 재편했습니다.

3. 고객이 먼저 쿠팡으로 몰렸고 판매자는 따라왔다

고객이 먼저 '쿠팡에 다 있다'는 인식을 가지게 되었고 그다음은 자연스럽게 판매자들이 쿠팡에 입점하기 시작했습니다. 결국 상품 수는 계속 늘고 상품이 많아지니 검색 결과도 다양해지고 고객 경험은 더 좋아지는 선순환 구조가 형성되었습니다. 이 구조를 만든 게 바로 쿠팡의 플랫폼 파워입니다.

한국의 인터넷 보급률은 아시아 태평양 지역에서 가장 높은 97%에 달하며, 이는 쿠팡의 성장에 중요한 기반이 되었습니다. 2023년 한국의 e커머스 시장은 1,400억 달러 규모로 성장했으며, 전체 소매 판매의 50.5%가 온라인에서 이루어지고 있습니다.

4. 쿠팡은 '완성형 플랫폼'을 만들었다

쿠팡은 자체 물류, 검색 시스템, 광고 플랫폼까지 e커머스의 핵심 요소를 모두 '내부화'한 유일한 플랫폼입니다.

플랫폼 기능	자체 보유
배송 시스템	로켓배송, 풀필먼트
검색 시스템	알고리즘 기반 자동 노출
광고 시스템	쿠팡 ADS 퍼포먼스 중심
고객 서비스	자동화된 CS 시스템+AI챗봇
결제 시스템	쿠페이로 자사 결제망 확보

이런 구조 덕분에 쿠팡은 판매자 없이도, 외부몰 없이도 자체만으로 완결되는 '쇼핑 생태계'를 구축했습니다.

쿠팡의 로켓 WOW 멤버십 프로그램은 1,400만 명 이상의 가입자를 보유하고 있으며 이는 한국 전체 가구의 2/3에 해당합니다.

5. 쿠팡이 셀러에게 주는 기회

쿠팡은 셀러 입장에서도 '사업'이 아니라 '돈 벌기 좋은 플랫폼'입니다. 고객이 이미 다 모여 있고, 광고도 어렵지 않으며, 물류도 쿠팡이 다 해 주기 때문에 상품만 잘 선택하면 판매가 이루어집니다. 쿠팡의 이러한 매력 덕분에 많은 온라인 셀러들이 쿠팡으로 몰렸습니다.

마무리

쿠팡은 '빠름'과 '편함'으로 고객의 마음을 먼저 장악했고, 알고리즘과 시스템으로 플랫폼을 완성했습니다. 이제 고객은 쿠팡에서 먼저 찾고, 셀러는 쿠팡에서 먼저 팔아야 합니다. 그것이 바로 쿠팡이 대한민국 e커머스를 장악한 이유입니다.

쿠팡이 다른 플랫폼과 다른 점

"왜 쿠팡부터 시작해야 하는가?"

온라인 판매를 시작할 플랫폼이 많습니다. 네이버, 스마트스토어, 옥션, 11번가 등 다양하죠. 하지만 그중에서도 쿠팡은 셀러들에게 가장 유리한 구조를 갖추고 있습니다.

그 이유는 단순히 사람이 많아서가 아닙니다.

쇼핑 구조 자체가 다르고, 시스템이 전혀 다르기 때문입니다.

1. 쿠팡은 '자사몰', 다른 플랫폼은 '오픈마켓'

대부분의 쇼핑몰은 '오픈마켓' 구조입니다. 고객의 유입 경로가 분산되어 있고 셀러가 스스로 마케팅과 운영을 더 많이 책임져야 합니다. 반면 쿠팡은 '자사몰' 형태로 모든 고객 활동이 쿠팡 앱과 웹사이트

내에서 이루어집니다. 즉, 쿠팡은 고객을 스스로 보유하고 있는 플랫폼이기에 셀러 입장에서는 광고 효율과 전환율이 높아질 수밖에 없습니다.

✔ 쿠팡과 다른 플랫폼의 차이점

항목	쿠팡	스마트스토어, G마켓 등
구조	자사몰(직접 운영)	오픈마켓(셀러 중심)
노출 방식	알고리즘 기반 자동 노출	키워드, 가격 경쟁 중심
고객	쿠팡 회원 한정, 충성도 높음	외부 검색 유입 많음

2. 검색 알고리즘이 다르다

쿠팡의 검색 알고리즘은 고객 반응이 좋으면 계속 노출을 늘려준다는 구조입니다. 이는 초보 셀러도 상품 반응만 좋으면 상위 노출이 가능하다는 의미입니다.

항목	쿠팡	네이버 스마트 스토어
검색 방식	노출 알고리즘 기반	키워드 기반 노출
상위 노출 조건	클릭률, 전환율, 리뷰 등 '반응형'	키워드 입력 정확도, 태그, 최적화 점수 등
전략	데이터 기반 반응 만들기 중심	SEO, 제목 구성, 외부유입 활용 중심

3. 물류와 배송 시스템이 완전히 다르다

쿠팡은 자체 물류 시스템을 갖추고 있어 셀러가 물류에 대한 전문 지식이 없어도 판매가 가능합니다. 이는 초보 셀러들의 진입 장벽을 크게 낮춥니다.

항목	쿠팡	타 플랫폼
물류 구조	로켓배송(쿠팡이 직접 배송)	셀러가 택배사 직접 계약
풀필먼트	자체 물류창고 운영(FBC)	위탁 물류 이용 or 셀러 직접 출고
반품/교환	쿠팡이 전담	셀러가 직접 대응

4. 성과 중심의 간단한 광고 구조

쿠팡 광고는 매출 중심으로 설계되어 있습니다.

클릭수, 노출수보다 '매출'을 기준으로 판단하기 때문에 광고 운영의 효율이 직관적이고 관리가 쉽습니다. '성과가 나면 자동으로 더 밀어주는 구조' 덕분에 데이터만 잘 보면 초보자도 광고 최적화가 가능합니다.

항목	쿠팡 Ads	네이버 쇼핑, G마켓 Ads
광고 세팅	자동 광고로 시작 가능	수동 키워드 등록 필요
분석 방식	클릭률, 전환율 중심	노출수, 클릭수 중심
효율 판단	ROAS 중심, 실매출 연동	노출 클릭 대비 비율 중심

5. 쿠팡은 '플랫폼'이 아니라 '생태계'다

쿠팡은 검색, 결제, 물류, 반품, 고객 서비스까지 모든 과정을 직접 관리합니다. 셀러는 상품 등록에만 집중하면 되고, 나머지는 쿠팡이 처리합니다.

이러한 특징들로 인해 쿠팡 셀러는 상품 선정과 최적화에만 집중할 수 있어, 복잡한 e커머스 운영 과정을 크게 단순화할 수 있으며 이 모든 걸 한 플랫폼 안에 갖추고 있는 곳은 쿠팡이 유일합니다.

요소	쿠팡	다른 플랫폼
검색	자체 알고리즘	키워드 입력
결제	쿠페이	PG사 연동
배송	쿠팡 로켓배송	택배사 직접 연결
반품	쿠팡 전담 처리	셀러가 직접 대응
CS	AI챗봇+쿠팡 상담팀	셀러가 직접 대응

마무리

다른 플랫폼은 '셀러가 모든 걸 직접 해야 하는 곳'이라면 쿠팡은 상품에만 집중할 수 있는 구조입니다. 복잡한 마케팅, 물류, CS는 쿠팡이 처리해 주고 셀러는 해야 할 일만 잘하면 됩니다. 그래서 쿠팡은 초보자에게 유리한 플랫폼입니다.

사업 경험이 없어도 '잘 팔릴 상품' 하나면 시작할 수 있기 때문이죠.

쿠팡 판매자배송, 판매자로켓, 로켓배송 3가지 차이점

쿠팡 마켓플레이스에서 성공적인 판매자가 되기 위해서는 배송 방식에 대한 정확한 이해가 필수적입니다. 쿠팡은 크게 세 가지 배송 방식을 제공하고 있으며 각각의 특징과 장단점을 파악하는 것이 효율적인 판매 전략 수립에 중요합니다.

1. 판매자배송

판매자배송은 셀러가 직접 상품을 보관하고 주문이 들어오면 직접 포장 및 배송하는 방식입니다.

주요 특징

- 재고 관리: 판매자가 직접 상품을 보관하고 관리합니다.
- 배송 책임: 포장, 발송, 배송 추적, 반품 처리 등 전 과정을 판매자

가 책임집니다.
- 배송비: 판매자가 설정 가능하며, 일반적으로 구매자에게 청구됩니다.
- 배송 속도: 판매자의 처리 능력에 따라 다르며, 일반적으로 1~3일 내로 배송됩니다.

장점

- 낮은 수수료: 다른 배송 방식에 비해 쿠팡 수수료가 상대적으로 낮습니다.
- 재고 유연성: 재고 관리와 배송 일정을 판매자가 직접 통제할 수 있습니다.
- 브랜딩: 포장재 등에 자체 브랜드를 노출할 수 있습니다.

단점

- 노출도 제한: 로켓배송 상품에 비해 검색 노출이 제한적일 수 있습니다.
- 운영 부담: 재고 관리, 포장, 배송 등 운영 부담이 큽니다.
- 고객 신뢰도: 로켓배송에 비해 고객 신뢰도가 낮을 수 있습니다.

2. 판매자로켓

판매자로켓은 판매자가 상품을 직접 보관하지만, 쿠팡의 빠른 배송 네트워크를 활용하는 하이브리드 방식입니다.

주요 특징
- 재고 관리: 판매자가 직접 상품을 보관합니다.
- 배송 프로세스: 판매자가 상품을 쿠팡 물류센터에 입고한 후, 주문이 들어오면 쿠팡 물류 네트워크를 통해 배송됩니다.
- 로켓 배지: 상품에 로켓 배지가 표시되어 신뢰도가 증가합니다.
- 배송 속도: 대부분 지역에서 1~2일 내로 배송 완료됩니다.

장점
- 로켓배송 노출 혜택: 검색 결과에서 로켓배송 필터에 포함됩니다.
- 빠른 배송: 쿠팡의 물류 네트워크를 활용해 빠른 배송이 가능합니다.
- 운영 부담 완화: 판매자는 포장까지만 담당하고 배송은 쿠팡이 처리합니다.

단점

- 중간 수수료: 판매자배송보다 높지만 로켓배송보다는 낮은 수수료가 적용됩니다.
- 재고 관리 부담: 여전히 재고를 직접 관리해야 합니다.
- 포장 규정: 쿠팡의 포장 규정을 따라야 합니다.

3. 로켓배송

로켓배송은 쿠팡의 풀필먼트 서비스로, 판매자의 상품을 쿠팡 물류센터에 입고하고 쿠팡이 모든 배송 과정을 처리하는 방식입니다.

주요 특징

- 재고 보관: 상품을 쿠팡 물류센터에 입고합니다.
- 전체 프로세스 관리: 주문 처리, 포장, 배송, 고객 응대, 반품 처리 등 쿠팡이 전담합니다.
- 로켓와우 혜택: 로켓와우 회원에게 무료배송 혜택을 제공합니다.
- 초고속 배송: 일부 지역에서는 당일 또는 새벽배송까지 가능합니다.

장점

- 최고의 노출도: 로켓배송 상품은 검색 결과에서 우선 노출됩니다.

- 운영 부담 최소화: 재고 관리와 배송에 대한 부담이 없습니다.
- 높은 고객 신뢰도: 쿠팡의 브랜드 신뢰도를 활용할 수 있습니다.
- 다양한 프로모션 참여: 쿠팡의 다양한 프로모션에 참여할 기회가 많습니다.

단점

- 높은 수수료: 세 가지 배송 방식 중 가장 높은 수수료가 적용됩니다.
- 재고 유연성 제한: 물류센터 입고 후에는 재고 관리가 제한적입니다.

✔ 배송 방식 비교표

구분	판매자배송	판매자로켓	로켓배송
재고 관리	판매자	판매자	쿠팡
포장	판매자	판매자	쿠팡
배송 주체	판매자	쿠팡	쿠팡
배송 속도	1~3일	1~2일	최대 당일
수수료	낮음	중간	높음
노출도	낮음	중간	높음
운영 부담	높음	중간	낮음

어떤 배송 방식을 선택해야 할까?

배송 방식 선택은 판매자의 상황과 전략에 따라 달라질 수 있습니다.

판매자배송

- 초기 사업자로 비용을 최소화하고 싶을 때
- 자체 배송 인프라가 잘 갖춰져 있을 때

판매자로켓

- 재고 관리는 직접 하되 배송 효율을 높이고 싶을 때
- 로켓배송의 노출 혜택을 받으면서 수수료를 적정 수준으로 유지하고 싶을 때
- 중간 규모의 판매자로 성장 중일 때

로켓배송

- 운영 효율성을 최대화하고 싶을 때
- 판매량 증가에 집중하고 물류 관리는 최소화하고 싶을 때
- 쿠팡 플랫폼 내 최대 노출을 목표로 할 때
- 쿠팡 플랫폼 내 최대 노출을 목표로 할 때

마무리

　쿠팡에서 성공하기 위해서는 자신의 상품과 비즈니스 상황에 맞는 배송 방식을 현명하게 선택해야 합니다. 판매자배송으로 시작하여 운영 노하우를 쌓고, 판매자로켓으로 전환하며 성장 기반을 다진 후, 궁극적으로 로켓배송과 로켓그로스프로그램을 활용하는 단계적 접근이 효과적입니다. 각 방식의 장단점을 충분히 이해하고 판매 상품의 특성, 재고 관리 능력, 그리고 수익성을 고려하여 최적의 선택을 하는 것이 쿠팡 마켓플레이스에서의 지속적인 성장과 성공을 위한 핵심 전략입니다.

제9장

판매자의 기본 준비

사업자 등록 가이드

쿠팡에서 판매 활동을 하려면 반드시 사업자 등록이 필요합니다. 간이과세자와 일반과세자 모두 판매자로 등록할 수 있으며, 사업자 형태는 개인사업자와 법인사업자로 나뉩니다.

어떤 형태를 선택할지는 예상 매출 규모, 세금 처리 방식, 사업 확장 계획 등을 고려해 결정하는 것이 좋습니다.

✔ 사업자 등록이 필요한 이유
- 법적 요구사항: 전자상거래법에 따라 온라인에서 상품을 판매하는 행위는 사업으로 간주되며, 사업자 등록이 필수입니다.
- 세금 신고: 사업자 등록을 통해 정상적인 세금 신고와 납부가 가능합니다.
- 전자세금계산서 발행: 쿠팡으로부터 판매 수수료에 대한 세금계산서를 받고 구매자에게 발행할 수 있습니다.

1. 사업자 등록 신청 방법

- 방문 신청: 관할 세무서 민원실 방문
- 온라인 신청: 국세청 홈택스(www.hometax.go.kr) 사이트에서 신청
  온라인의 경우 집에서 편하게 10분 만에 신청이 가능하니 온라인 신청을 추천

2. 온라인 신청 시 준비물

- 공인인증서 또는 공동인증서(개인용)
- 신분증
- 임대차계약서(사업장 주소가 자택일 경우 필요)

3. 온라인 신청 시 등록 절차

- 회원 가입 후 로그인
- [신청/제출] → [사업자등록신청] 선택
- 신청서 작성 및 필요 서류 첨부(스캔 또는 사진)

4. 사업자 등록증 발급

- 방문 신청 시: 즉시 또는 3일 이내 발급
- 온라인 신청 시: 심사 후 우편 발송(약 1주일 소요)

✔ 자주 묻는 질문

Q: 사업자 등록 없이 쿠팡에서 판매할 수 있나요?

A: 아니요, 쿠팡에서 판매하려면 반드시 사업자 등록이 필요합니다. 사업자 등록 없이 판매 시 불법 행위로 간주될 수 있습니다.

Q: 간이과세자도 쿠팡 판매가 가능한가요?

A: 네, 가능합니다. 다만, 연 매출 4,800만 원 이상이 예상되면 일반과세자로 등록하는 것이 유리할 수 있습니다.

Q: 사업자 등록 시 업종은 어떻게 선택해야 하나요?

A: 판매하려는 주요 상품에 맞는 업종을 선택하면 됩니다. 다양한 상품을 판매할 예정이라면 '전자상거래 소매업' 또는 '통신판매업'으로 등록하는 것이 일반적입니다.

Q: 자택을 사업장 주소로 등록해도 되나요?

A: 네, 가능합니다. 다만, 아파트의 경우 관리규약에서 상업 활동을 제한하는 경우가 있으니 확인이 필요합니다.

Q: 사업자 등록 후 세금은 어떻게 납부하나요?

A: 개인사업자는 매년 5월에 종합소득세를, 1월과 7월에 부가가치

세를 신고·납부합니다. 법인사업자는 결산 후 3개월 이내에 법인세를, 분기별로 부가가치세를 신고·납부합니다.

통신판매업 신고 가이드

✔ 통신판매업 신고란?

　통신판매업 신고는 전자상거래법에 따라 인터넷, 모바일 등을 통해 상품을 판매하는 사업자가 의무적으로 해야 하는 신고입니다. 사업자 등록과는 별개로 쿠팡에서 상품을 판매하기 위해서는 반드시 통신판매업 신고를 완료해야 합니다.

1. 사전 준비

- 사업자 등록증 발급 완료
- 결제 대행 서비스(PG사) 계약 체결(필요한 경우)
- 웹사이트 또는 앱 개발 완료(자체 사이트가 있는 경우)

2. 신고 방법 선택

- 온라인 신고(권장)
    - 전자상거래 공정거래위원회 사이트(www.ftc.go.kr) 또는 정부24(www.gov.kr) 접속
- 방문 신고
    - 사업장 소재지 관할 시, 군, 구청 방문

3. 신청서 작성 및 제출

- 통신판매업 신고서 작성
- 필요 서류 첨부
- 제출 및 수수료 납부

4. 신고증 발급

- 온라인 신청: 즉시 또는 1~2일 내 발급
- 방문 신청: 즉시 또는 당일 발급
- 필요한 서류
    - 통신판매업 신고서(온라인 신청 시 작성 양식 제공)
    - 사업자 등록증 사본

- 구매안전서비스 이용 확인증(선불식 통신판매의 경우)
    - PG사(이니시스, KG이니시스, 토스페이먼츠 등)에서 발급
    - 에스크로 서비스 이용 계약서
- 구매안전서비스 이용 비용: PG사 계약에 따라 다름

✔ 자주 묻는 질문

Q: 통신판매업 신고와 사업자 등록은 동시에 할 수 있나요?

A: 아니요, 반드시 사업자 등록을 먼저 완료한 후 통신판매업 신고를 진행해야 합니다.

Q: 통신판매업 신고 유효기간이 있나요?

A: 별도의 유효기간은 없으나, 사업자 정보가 변경될 경우 15일 이내에 변경 신고를 해야 합니다.

Q: 오픈마켓만 이용하는데도 통신판매업 신고가 필요한가요?

A: 네, 쿠팡과 같은 오픈마켓만 이용하더라도 통신판매업 신고는 필수입니다.

Q: 구매안전서비스는 꼭 필요한가요?

A: 선불로 결제를 받는 경우 필수입니다. 다만, 쿠팡에서는 쿠팡이 결제를 대행하므로 별도의 구매안전서비스 계약이 필요 없을 수 있습니다. 쿠팡 셀러 센터에 문의하여 확인하세요.

쿠팡에 사업자 등록하는 방법

 사업자 등록과 통신판매업 신고를 완료하셨다면 본격적인 쿠팡 판매를 위해 쿠팡 파트너센터에 사업자 등록을 하셔야 합니다.

쿠팡 파트너센터 사업자 등록 절차

1. 쿠팡 파트너센터 가입

- 쿠팡 파트너센터(https://partners.coupang.com) 웹사이트에 접속합니다.
- '회원가입' 버튼을 클릭하여 계정을 생성합니다.
- 기본 정보를 입력하고 이메일 인증을 완료합니다.

2. 셀러 정보 등록

- 로그인 후 '셀러 정보 관리' 또는 '사업자 정보 등록' 메뉴로 이동

합니다.
- 사업자 유형을 선택합니다. (개인사업자, 법인사업자, 간이과세자 등)
- 사업자 등록증 정보를 입력합니다. (사업자등록번호, 상호명, 대표자명, 사업장 주소 등)

3. 필요 서류 제출
- 사업자등록증 사본을 스캔하거나 촬영하여 업로드합니다.
- 통장 사본(판매 대금 입금용)을 업로드합니다.
- 대표자 신분증 사본을 업로드합니다.
- 법인인 경우 법인등기부등본도 필요할 수 있습니다.

4. 계약 동의 및 서명
- 쿠팡 판매 계약서를 검토하고 동의합니다.
- 전자 서명을 진행합니다.

5. 심사 대기 및 승인
- 제출한 서류와 정보에 대한 쿠팡의 심사가 진행됩니다. (보통 1~3영업일 소요)
- 승인이 완료되면 판매를 시작할 수 있습니다.

6. 정산 계좌 등록

- 판매 대금을 받을 계좌 정보를 등록합니다.
- 계좌는 반드시 사업자 명의와 동일해야 합니다.

7. 판매자 교육 이수(선택적)

- 쿠팡에서 제공하는 판매자 교육 프로그램을 이수하면 판매 활동에 도움이 될 수 있습니다.

사업자 등록이 완료되면 상품 등록과 판매를 시작할 수 있습니다. 쿠팡 파트너센터의 관리자 페이지에서 상품 등록, 재고 관리, 주문 처리, 정산 내역 등을 확인하고 관리할 수 있습니다.

✔ 판매자의 기본 준비 3단계

단계	설명
1단계	국세청 홈택스에서 사업자 등록(전자상거래 소매업)
2단계	관할 구청에서 통신판매업 신고
3단계	쿠팡 WING 센터에서 판매자 등록

✔ 팁(TIP) 1: 간이과세자, 일반과세자 비교표

구분	간이과세자	일반과세자
신청 대상	연 매출 8,000만 원 미만	연 매출 8,000만 원 이상 (또는 본인 희망 시)
부가가치세 (VAT)	세금 계산 간단 (납부세액 ↓)	매출, 매입 명확히 신고 필요
세금계산서 발행	발행 불가 (영수증만 가능)	세금계산서 의무 발행
환급 가능 여부	부가세 환급 불가	부가세 환급 가능 (사업 초기 설비투자 시 유리)
신고 횟수	연 1회(1월)	연 2회(부가세)+연 1회(종소세)
장점	세금 부담 ↓	

✔ 팁(TIP) 2: 유형에 따른 추천 과세 유형

셀러 유형	추천 과세 유형
처음 시작하는 1인 셀러 / 매출 6,000만 원 이하 예상	간이과세자
월 1,000만 원 이상 매출 예상 / 광고비, 제품 매입이 많음	일반과세자
세금계산서를 발행해야 하는 B2B 거래 예정	일반과세자
부가세 환급받고 싶은 조기 창업자	일반과세자

✔ 참고사항

- 간이과세자도 통신판매업 신고는 필수
- 간이과세자라도 8,000만 원 초과 시 자동 일반과세자로 전환
- 일반과세자로 등록 후 → 나중에 간이과세자로 돌아가는 건 불가능

마무리

　사업 초기엔 간이과세자가 부담 없고, 매출과 운영 규모가 커질수록 일반세자가 유리합니다. 선택이 어렵다면 간이로 시작하고, 성장에 따라 일반으로 전환하는 것도 좋은 전략입니다.

쿠팡 스토어 개설 가이드

"온라인 매장의 간판을 달아 보자"

이제 모든 준비가 끝났습니다. 쿠팡 판매자 등록이 완료되었다면, 이제 본격적인 판매를 위한 마지막 단계로 넘어가야 합니다. 바로 '스토어 개설'입니다. 스토어는 쿠팡 안에서 고객에게 노출되는 나만의 판매 공간이자, 일종의 브랜드 매장 역할을 합니다.

이 과정을 통해 고객은 내가 어떤 상품을 파는지, 어떤 브랜드를 운영하는지 감을 잡을 수 있습니다.

1. 셀러센터에서 스토어 메뉴 접속하기

쿠팡 셀러센터에 로그인한 뒤, 상단 메뉴에서 스토어 정보 관리 혹은 판매자 정보 설정메뉴를 클릭합니다.

첫 방문이라면 '스토어 정보 없음' 상태일 수 있으니, 스토어 등록하기 버튼을 눌러 시작합니다.

2. 스토어 이름 정하기: 기억에 남는 '브랜드명' 만들기

스토어 이름은 쿠팡 내에서 고객이 처음 마주하는 브랜드의 얼굴입니다.

가급적 판매할 상품군을 고려하여 간결하면서도 직관적인 이름을 선택하세요.

예를 들어 건강식품을 판매할 경우 '헬씨하루', 아이 용품이라면 '아기나라' 같은 이름이 효과적입니다.

✔ 팁(TIP)
- 이미 등록된 상표와 유사한 이름은 피하세요.
- 지나치게 일반적인 단어(예: "좋은상품", "할인몰")는 검색에 불리하고, 기억에 남기 어렵습니다.

마무리

쿠팡 스토어는 단순한 판매 공간을 넘어, 고객과의 첫 접점을 만드는 중요한 브랜드 채널입니다. 작은 정보 하나, 이미지 한 장이 신뢰와 구매로 이어질 수 있기에 처음부터 정성을 들이는 것이 좋습니다. 스토어를 통해 나만의 색깔을 드러내고, 고객의 기억에 남는 브랜드로 자리 잡아 보세요.

제10장

중국 공장과의 첫 거래 준비 및 협상 전략

1688 메신저 왕왕,
중국 대표 메신저 위챗(WeChat) 가이드

"중국 셀러와 소통, 이 두 개면 끝!"

중국 공장과 거래를 위해선 원활한 소통이 필요합니다.

왕왕과 위챗, 이 두 가지 메신저만 제대로 익히면 중국 셀러와의 커뮤니케이션은 절반 이상 해결됩니다. 중국어를 모르셔도 괜찮습니다.

'구글 번역기'나 '파파고' 같은 번역기를 활용하시면 큰 불편 없이 의사소통이 가능합니다.

1688 왕왕(旺旺)이란?

왕왕(Aliwangwang)은 1688.com(알리바바 그룹)의 공식 B2B 플랫폼의 거래 메신저입니다.

1. 주요 활용 목적

- 상품 재고 문의
- 도매 단가 협상
- MOQ(최소 주문 수량) 확인
- 포장 방법 및 배송 조건 상담

2. 설치 방법

- PC: https://alimtalk.1688.com 또는 1688 내에서 '阿里旺旺' 설치
- 모바일: 앱스토어에서 "Aliwangwang" 또는 '阿里旺旺' 검색

✔ 팁(TIP)

1688 사이트에서 상품을 본 뒤, '联系卖家(판매자에게 연락)'를 누르면 바로 왕왕 채팅으로 연결됩니다.

✔ 실전 시 자주 쓰는 표현 모음

목적	메시지 예시(중국어)	해석
가격 협상	这个可以便宜一点吗?	이거 좀 더 싸게 가능할까요?
수량 문의	最少起订量是多少?	최소 주문 수량이 얼마인가요?
배송 문의	可以发到韩国吗?	한국까지 배송 가능하나요?
샘플 요청	可以先发样品吗?	샘플 먼저 받을 수 있을까요?

중국 대표 메신저, 위챗(WeChat)

위챗(WeChat)은 중국의 국민 메신저로 왕왕보다 실시간 응답 속도가 훨씬 빠르고 지속적인 관계 관리에 적합합니다.

1. 주요 활용 목적
- 견적서, 제품 이미지 실사 공유
- 배송 현황 및 트래킹 공유
- 급한 대응, 빠른 협의 필요시
- 장기 거래처와의 소통 채널

2. 설치 방법
- 앱스토어에서 'WeChat' 검색
- 중국 번호 없이도 회원가입 가능

✔ 위챗 실전 활용법

상황	활용 방식
셀러가 왕왕에서 "加微信(위챗 추가해 주세요)"라고 말할 경우	위챗 ID 입력 or QR 코드 캡처 후 추가
사진 전송	제품 실사, 포장 방식 등 요청 가능
음성 메시지	길게 설명하기 어려운 내용을 짧게 녹음해 전달
단체방 운영	생산/배송 팀+셀러+포워더가 한 채팅방에서 실시간 공유

✔ 왕왕 VS 위챗 비교표

항목	왕왕	위챗
목적	1688 내 기본 대화 툴	실시간 커뮤니케이션
특징	1688에 로그인해야 사용 가능	모바일/PC 모두 사용 가능
반응속도	보통	빠름
파일 전송	가능(제한적)	이미지, 동영상, 음성 모두 가능
대화 기록	상품 기준으로 구분	자유 채팅방 운영

마무리

왕왕은 문을 여는 열쇠, 위챗은 거래를 이어 가는 대화 창구입니다.

1688 셀러와의 첫 접촉은 왕왕에서 시작되지만 실제 거래는 위챗을 활용하는 것이 편리합니다. 두 메신저를 유기적으로 활용하면 중국 공장과의 커뮤니케이션은 걱정할 필요가 없습니다.

메신저 하나에 익숙해지는 것만으로도 소싱의 반은 이미 끝난 셈입니다.

중국 원산지 작업과 증빙 및 수입을 위한 필수 절차 확보

"문제없이 수입하려면 원산지 증빙이 핵심이다"

중국에서 제품을 수입할 때 중요한 것 중 하나는 원산지 증빙과 표시입니다. 이는 단순한 행정 절차가 아니라 법적 의무사항으로 이를 준수하지 않으면 통관 지연부터 벌금, 판매 금지까지 다양한 불이익이 발생할 수 있습니다.

중국 제품 수입 시 반드시 표시해야 할 항목

한국에서는 관세법과 전자상거래법에 따라 다음의 항목들을 제품에 표기해야 합니다.
 (* 대부분은 라벨 부착, 인쇄, 스티커 등으로 표시)

항목	내용
제품명	실제 판매되는 제품명
제조국	중국(China) 또는 Made in China
제조사(또는 수입자)	중국 공장명 또는 국내 수입자명
수입자 주소 및 연락처	국내 사업자 정보
기타 표시사항	품질 표시, KC 인증 등(품목별로 다름)

원산지 미표시 또는 증빙 미비 시 발생할 수 있는 문제

- 원산지 표시 누락 → 세관 통관 불가 또는 벌금 부과
- CO(원산지 증명서) 누락 → FTA 세율 혜택 미적용 → 세금 증가
- KC 인증 미확보(필수 품목) → 판매 금지 또는 리콜 조치

특히 쿠팡 판매 시 유의할 점이 있습니다.

- 상품 상세페이지에 제조국: 중국 표기가 없을 경우
  → 고객 반품, 클레임, 신고 등 CS 리스크 발생 가능성 높음
- 쿠팡은 고객 보호 정책이 강력하기 때문에 작은 정보 누락도 불이익으로 이어질 수 있음

마무리

수입은 서류와 표시가 80%입니다.

원산지 작업과 증빙만 제대로 준비해도 통관 문제 없이 빠르게 판매를 시작할 수 있습니다. 원산지 증빙은 단순한 행정 절차가 아닌 성공적인 수입 비즈니스의 기본 요소입니다. 철저한 준비를 통해 불필요한 비용과 시간 낭비를 방지하고, 안정적인 수입 비즈니스를 구축하세요.

✔ 팁(TIP)

구매대행사를 통해 진행하면 원산지 표시를 비롯한 대부분의 절차를 자동으로 처리해 주는 경우가 많아 수월합니다.

첫 거래 시 구매 전략

"한번 잘 시작하면, 다음 거래는 편해진다"

중국 공장과의 첫 거래는 단순한 상품 구매가 아니라 미래 협업의 토대를 다지는 과정입니다. 첫 거래를 어떻게 진행하느냐에 따라 장기적인 비즈니스 관계의 성패가 결정될 수 있습니다.

소량 테스트부터 시작하라

"작게 사서, 크게 배운다"

첫 거래의 가장 중요한 원칙은 무조건 소량부터 시작하는 것입니다. 그래야 제품 품질, 응대 속도, 포장 상태 등 실전 데이터를 확보할 수 있습니다.

✔ 전략 예시

- MOQ가 100개일 경우 → 1
- 예문: "我想先测试一下质量, 可以只买20个吗?"
  (품질을 먼저 테스트하고 싶은데, 20개만 구매할 수 있을까요?)

✔ 참고

소량 구매를 허용하는 판매자는 유연하고 협업 친화적인 파트너일 가능성이 높습니다.

단가 협상보다 신뢰 확보가 우선이다

처음부터 단가를 무리하게 깎기보다는 '나는 장기 거래자'라는 인식을 심는 것이 더 효과적입니다.

✔ 전략 예시

- 예문: "我们准备长期合作, 如果质量和出货速度可以, 后期订单量会增加。"
  (우리는 장기적으로 거래할 계획이고, 품질과 출고가 괜찮으면 향후 수량을 늘릴 것입니다.)

이런 접근은 종종 무료 샘플, 빠른 응대, 우선 출고 같은 혜택으로 돌아옵니다.

제품 정보는 꼼꼼하게 확인하고 캡처하라

1688 상품 정보는 수시로 바뀌기 때문에 거래 시점의 상세 정보를 반드시 저장해 두어야 합니다.

- 상품 설명, 사이즈표, 색상 옵션 등 모든 페이지 캡처
- 왕왕, 위챗 대화 내용 중 중요 조건이 오간 대화는 스크린샷으로 저장
- 나중에 문제 발생 시 책임 소재를 명확히 하기 위한 증거가 됩니다.

배송, 포장 조건을 미리 협의하라

첫 거래일수록 배송 방식과 포장 상태를 반드시 사전에 협의하세요.

체크포인트	내용
배송 방식	직배송? 포워더를 통해서? 항공/해운?
박스당 수량	몇 개씩 포장되는가? 혼합 가능 여부?
브랜드 스티커 부착	가능 여부, 비용 추가 있는지 확인
파손 방지 요청	완충재, 이중 포장 등 별도 요청 가능

✔ 전략 예시

- 예문: "可以贴上我们品牌的标签吗? 需要额外费用吗?"
  (우리 브랜드 라벨을 붙일 수 있나요? 추가 비용이 있나요?)

위챗으로 연결하고, 관계를 '개인화'하라

왕왕은 일회성 메신저지만, 위챗은 신뢰를 쌓고 관계를 이어 가는 핵심 툴입니다.

첫 거래가 끝나면 바로 위챗 추가 요청 → 위챗으로 실사, 포장 사진, 출고 현황을 위챗으로 요청하며 자연스럽게 소통합니다.

이렇게 하면 다음 거래부터는 빠르고 유연한 협상이 가능해집니다.

첫 거래 시 리스크를 줄이는 팁

항목	전략
MOQ 부담	소량 구매 요청+장기 거래 암시
단가 협상	처음부터 압박 X → 신뢰 기반
품질 확인	캡처+샘플 먼저
포장 조건	상세히 확인, 요청 시 문서화
응대 상태	위챗 대화 내용으로 평가 가능

마무리

중국 셀러와 첫 거래는 곧 협업 테스트입니다. 잘 시작하면 믿을 만한 파트너를 확보할 수 있고 잘못 시작하면 반품·클레임·손해로 이어집니다.

"소량부터, 관계는 부드럽게, 확인은 꼼꼼하게"

이 3가지만 지키면 처음 거래도 성공 확률이 높아집니다. 첫 거래는 단순한 상품 구매가 아니라 신뢰할 수 있는 공급망을 구축하는 첫 단계임을 명심하세요.

구매대행사를 통한 수입 가이드

"1688을 직접 못 해도 괜찮습니다. 대행사가 도와줍니다"

중국에서 상품을 직접 수입하는 것은 언어 장벽, 결제 방법, 통관 절차 등 여러 어려움이 있습니다. 하지만 구매대행사를 활용하면 이러한 복잡한 과정 없이도 중국 상품을 쉽게 수입할 수 있습니다.

구매대행이란?

셀러 대신 중국 상품을 구매하고, 한국까지 수입 과정을 모두 처리해 주는 서비스입니다. 중국어나 통관 절차, 세금, 운송에 관한 지식이 없어도 상품 링크만 있으면 진행이 가능합니다.
이런 분께 구매대행이 딱입니다.

- 처음 소싱을 해 보는 완전 초보 셀러
- 중국어를 못한다
- 직접 1688에서 결제, 주문이 어렵다
- 통관이 복잡해서 수입이 막막하다
- 소량 테스트 주문을 해 보고 싶다

구매대행 진행 순서 5단계

단계	설명
상품 견적	1688에서 제품 링크 복사
견적 요청	구매대행사에 링크 보내고 단가 문의
결제 진행	견적 확인 후 상품 결제
중국에서 상품 구매	대행사가 중국 셀러에게 주문 및 결제
수입 및 국내배송	한국으로 수입 → 세관 신고 → 택배 발송

✔ 견적 요청 예시

"이 제품 10개만 먼저 소량으로 견적 부탁드립니다. 배송비, 수수료, 부가세 포함 총액 알려 주세요."

(* 견적 요청 시 총액으로 받아 보는 게 가장 명확합니다.)

구매대행 비용 구조

구성 요소	설명
상품 원가	중국 1688 판매가×수량
구매대행 수수료	보통 상품가의 5~15% 수준
중국 내 배송비	셀러 → 대행사 창고까지
국제 운송비	중국 → 한국(무게/부피 기준)
통관세금	관세 + 부가세(대부분 품목 10~13%)
국내 배송비	대행사 창고 → 고객 or 셀러

좋은 구매대행사 고르는 체크 포인트

체크 항목	기준
사업자 등록 여부	정식 등록된 한국 사업자인지 확인
중국 현지 창고 운영	직접 검수 가능한지 여부
상담 대응 속도	위챗, 카카오톡, 채팅 응답이 빠른지
후기	블로그, 카페, 커뮤니티 평판 참고
포장, 검수 서비스	무료 or 유료라도 가능 여부 확인

✔ 구매대행 실전 예시: 여름 슬리퍼 10켤레 수입
- 1688에서 슬리퍼 링크 확보
- 구매대행사에 견적 요청
- 견적 내역: 쿠팡 판매가 약 19,800원 → 개당 이익 약 4,000원

항목	비용
상품가	10,000원×10 = 100,000원
대행 수수료	10,000원
국제 운송+세금	35,000원
국내 배송비	3,500원
총액	148,500원 → 개당 원가 약 14,850원

마무리

1688에 직접 주문하지 않아도 좋은 대행사만 있으면 누구나 수입을 시작할 수 있습니다.

구매대행은 초보 셀러의 안전한 첫걸음입니다. 언어 장벽, 결제 문제, 통관 절차 등의 복잡한 과정 없이도 중국 상품을 쉽게 수입하여 판매를 시작할 수 있습니다. 경험이 쌓이면 점차 직접 수입으로 전환하여 더 높은 마진을 확보할 수도 있습니다.

제11장

상품 수입 시 통관 가이드

수입 절차에 대한 가이드

　중국에서 한국으로 상품을 수입하는 과정은 여러 단계로 이루어져 있습니다. 각 단계를 정확히 이해하고 준비하면 통관 지연과 같은 문제 없이 원활하게 수입을 진행할 수 있습니다.

구매대행 진행 순서 6단계

1. 상품 선정 및 구매

- 1688에서 상품 선정
- 중국 판매자에게 단가, 최소주문수량(MOQ), 배송 조건 협의
- 필요시 왕왕 또는 위챗으로 소통
- 샘플 또는 소량부터 테스트 구매 추천

2. 원산지 표시 및 포장 요청

- 제품에 반드시 "Made in China" 라벨 부착 요청
- 수입 시 필요한 라벨 정보(제품명, 제조국, 수입자 등)를 미리 안내

3. 중국 현지(구매대행사창고) 창고 도착 및 검수

- 제품을 구매대행업체 창고로 발송
- 구매대행사가 수량, 외관, 포장 상태 등을 검수
- 이상이 없으면 한국으로 출고 요청

4. 국제 운송

- 운송 방식 선택: 항공 or 해상 운송(소량은 항공, 대량은 해상 추천)
- 포워더가 운송 진행 및 수입 신고 준비

5. 한국 세관 수입 신고 및 통관

- 포워더 또는 관세사가 세관에 수입 신고
- 세금(관세+부가세 등) 납부
- 품목에 따라 KC, 식약처, 전파인증 등 필요 여부 확인 필수

6. 국내 배송 및 입고

- 통관 완료 후 국내 주소로 제품 배송
- 자가 창고 또는 위탁 물류센터로 입고

마무리

  중국에서 한국으로의 수입 과정은 여러 단계와 규정을 포함하고 있지만, 각 단계를 체계적으로 준비하면 원활하게 진행할 수 있습니다. 특히 원산지 표시와 필요한 인증을 사전에 확인하는 것이 통관 지연을 방지하는 핵심입니다.

KC 인증? 식품 신고?
수입 전 꼭 확인할 인증 체크 가이드

중국에서 물건을 수입해 한국에서 판매하려면 품목에 따라 인증이 필요할 수 있습니다. KC 인증부터 식품 안전 확인까지, 반드시 점검하셔야 합니다.

✔ 주요 인증 항목

인증 항목	대상 예시
KC 인증	전자제품, 완구, 생활가전 등
공급자 적합성 확인	단순 가전류, 일부 생활용품 등
어린이제품안전인증	유아용품, 장난감, 아동복 등
식품안전신고	건강기능식품, 음료, 식자재 등
전기용품 안전 확인	조명기기, 충전기 등 전기를 사용하는 제품
의약외품, 생활화학제품	손소독제, 방향제, 탈취제 등

국가기술표준원에 인증 확인하기

　인증이 내 상품에 해당하는지 아닌지를 정확히 알기가 어려울 수 있습니다. 검색해도 애매하고, 커뮤니티나 블로그마다 정보가 다를 수 있습니다. 이런 경우 가장 정확하고 빠른 방법은 '국가기술표준원'에 확인하는 것입니다.

✔ 국가기술표준원

제품안전 관련 문의: 1577-0900

또는 www.safetykorea.kr 사이트에서도 검색 가능

- 인증이 필요한 품목인지
- 어떤 종류의 인증을 받아야 하는지
- 수입자가 준비해야 할 서류가 무엇인지

✔ 팁(TIP)

전화하실 때는 다음과 같이 문의하시면 됩니다.

"중국에서 [제품명]을 수입해 한국에서 온라인 판매하려고 합니다. 해당 제품에 KC 인증이나 기타 안전인증이 필요한지 확인하고 싶습니다."

　가능한 한 면제품 사진, 제품 사양, 사용 용도 등을 함께 준비해 두

시면 보다 정확하게 안내받을 수 있습니다.

마무리

  인증 문제는 '몰랐다고 해서 피해 갈 수 있는 게 아닙니다'. KC 인증이 필요한 제품을 인증 없이 판매할 경우, 통관이 불가능하며 한국에서 판매할 수 없습니다. 또한 리콜 명령, 추가 금전적 벌금 또는 판매 금지가 제조업체, 수입업체 및 또는 판매자에게 부과될 수 있습니다.
  판매 시작 전 반드시 확인하고, 필요한 경우 전문가 또는 대행사를 통해 진행해야 불이익 없이 안전하게 사업을 운영할 수 있습니다.

제12장

상품 등록 노하우

상품의 핵심 키워드를 찾기(키워드 발굴)

"검색되는 단어가 곧 매출이다"

쿠팡에서 상품이 잘 팔리기 위한 핵심은 단 하나, '사람들이 찾는 키워드'를 내가 쓰고 있느냐입니다. 아무리 좋은 상품이라도 고객이 검색하는 단어와 내가 등록한 키워드가 다르면 상품은 절대 노출되지 않습니다.

핵심 키워드란?

핵심 키워드는 고객이 실제로 검색창에 입력하는 단어입니다.
이 키워드가 상품명과 상세페이지에 포함되어 있어야 쿠팡 알고리즘이 해당 상품을 검색 결과에 노출시켜 줍니다.

키워드를 잘 잡아야 하는 이유

고객의 검색어에 노출되느냐, 안 되느냐가 매출을 결정합니다.

키워드를 잘 잡으면	키워드를 못 잡으면
검색 결과 상위 노출	검색 자체가 안 됨
클릭률 상승 → 광고 효율 증가	광고비만 쓰고 효과 없음
알고리즘이 반응 확인 후 더 밀어줌	신상품 버프도 소용없음

핵심 키워드 찾는 3단계 실전 방법

1단계: 네이버 데이터랩으로 키워드 수요 확인

- 네이버 데이터랩 활용(https://datalabs.naver.com)
- 관심 상품 관련 키워드를 입력
- 너무 넓은 키워드는 피하고, 구체적이면서 수요 있는 키워드 선택
- 나쁜 예: 여름, 옷, 좋은 예: 여름 남자 린넨 반팔 셔츠

2단계: 쿠팡 검색창 자동완성 활용

- 쿠팡 앱 또는 웹 검색창에서 키워드 입력
- 자동 완성되는 단어 확인(실제 검색량이 높고 판매와 연관 있음)
- 예: '여름 반팔티' 입력 시 → 오버핏/무지/남자/흰색 등 자동완성 키워드 확인

3단계: 경쟁 상품 분석으로 검증

- 쿠팡에서 내가 찾은 키워드로 검색
- 상위 10개 상품의 제목, 이미지, 카테고리 분석
- 리뷰 수 많고 판매량 높은 상품에 공통적으로 포함된 키워드 → 강력한 핵심 키워드

경쟁 상품에 포함된 키워드를 내가 놓치고 있다면 반드시 내 상품명과 상세페이지에도 포함하셔야 합니다.

✔ 키워드 유형별 활용법

키워드 유형	설명	예시
메인 키워드	대표 상품명	남자 여름 반팔티
속성 키워드	색상, 소재, 핏 등	린넨, 오버핏, 무지
활용 키워드	용도, 계절, 상황	캠핑용, 데일리룩, 등산용
타깃 키워드	성별, 연령	남자, 10대, 40대 이상

키워드는 곧 매출의 방향이다

고객은 '상품'을 찾는 게 아니라, '단어'를 검색합니다.
그래서 좋은 키워드는 상품보다 먼저 발견해야 합니다. 내가 공략할 키워드를 하나 정하고 그 키워드에 맞는 상품을 소싱하는 것도 매우 효과적인 전략입니다.

마무리

키워드가 노출을 만들고, 노출이 클릭을 만들며, 클릭이 매출로 이어집니다. 상품을 잘 고르는 것도 중요하지만 상품에 딱 맞는 키워드를 먼저 찾는 것, 그게 바로 쿠팡에서 돈 버는 첫 번째 공식입니다.

핵심 키워드 활용하여 상품 등록하기

왜 키워드를 고려해 등록해야 하는가?

쿠팡의 노출 알고리즘은 상품 제목, 카테고리, 속성, 상세페이지에 들어간 키워드를 기반으로 '이 상품이 고객의 검색어와 관련 있는가?'를 판단합니다. 따라서 키워드를 고려하지 않고 상품을 등록하면 검색 결과에 거의 노출되지 않습니다.

✔ 키워드 중심으로 등록해야 할 위치 4곳

위치	설명	예시
상품명	가장 중요한 키워드 입력 위치	남자 여름 오버핏 반팔티 무지 린넨
카테고리	쿠팡 자동 추천 기준을 따르되, 수동 확인도 필수	남성의류 > 반팔티셔츠

옵션명	색상·사이즈·타입 등도 키워드로 작용	블랙/화이트, M/L/XL
상세페이지	메인 키워드+활용 키워드를 자연스럽게 문장에 삽입	여름 데일리룩으로 추천하는 무지 오버핏 반팔티 등

키워드 활용 상품명 작성법(실전 템플릿)

- 기본 구조
  : [메인 키워드] + [속성 키워드] + [활용 키워드]
  예: 남자 여름 반팔티 오버핏 무지 린넨 데일리룩 캠핑용

핵심 키워드는 상품명 앞부분에 배치하는 것이 효과적입니다. 감탄사, 특수기호, 불필요한 표현은 피해 주세요.

구분	설명	예시
잘못된 예	키워드가 부족하고 감성적 문구와 특수기호가 많아 검색 노출이 어려움	인생 반발티!!!, 역대급 핏!!!, 남자 반팔!!!, 무조건 강추!!!
올바른 예	주요 키워드를 앞쪽에 배치하고 고객이 실제 검색할 수 있는 단어로 구성	남자 여름 반팔티 무지 오버핏 린넨 데일리룩용 티셔츠

✔ 실전 꿀팁
- 상품명은 35~45자 정도가 가장 효과적입니다.
- 너무 많은 키워드를 억지로 넣으면 오히려 품질 점수가 낮아질 수

있습니다.
- 조회수가 높은 키워드 위주로 조합해 주세요.
- 첫 등록 후 1~2주 내 클릭률이 낮다면 상품명을 수정하며 테스트해 보시기 바랍니다.

마무리

쿠팡 상품 등록은 그냥 올리는 게 아닙니다. 키워드를 기준으로 전략적으로 올려야 고객이 나를 찾고, 알고리즘이 나를 밀어줍니다.

핵심 키워드를 제대로 활용하면 광고 없이도 노출되고, 신규 등록만으로도 매출이 발생할 수 있습니다. 키워드 중심의 전략적인 상품 등록은 쿠팡에서 성공적인 판매를 위한 필수 요소입니다.

제13장

쿠팡 광고 가이드

자동광고란?

쿠팡의 '매출최적화 자동광고'는 쿠팡의 광고 시스템이 매출이 잘 나오는 키워드에 자동으로 예산을 집중하는 방식입니다.

1. 핵심 개념

- 쿠팡 Ads의 자동광고 유형 중 하나
- 광고 시스템이 클릭률(CTR), 전환율(CVR), ROAS 데이터를 학습하여 매출을 높일 가능성이 큰 키워드와 상품에 자동으로 예산을 집중함
- 광고를 세부적으로 설정하지 않아도 알고리즘이 알아서 고성과 키워드를 찾아 주는 방식

2. 알고리즘 작동 방식

단계	작동 원리
① 예산 설정	일 예산만 입력하면 자동 집행
② 키워드 학습	상품명/카테고리/고객 행동 기반으로 관련 키워드 자동 매칭
③ 실적 분석	각 키워드의 CTR, 전환율, 구매 전환 데이터를 분석
④ 예산 배분	ROAS가 높은 키워드/광고그룹에 자동으로 예산 더 투입
⑤ 성과 지속 개선	클릭과 구매가 이어지는 키워드는 지속 강화, 비효율 키워드는 자연히 제외됨

✔ 핵심 요약

성과 중심의 자동 최적화 시스템. 고객 반응을 기반으로 예산을 유동적으로 배분.

3. 자동광고 설정 시 셀러가 하는 일

- 상품 그룹만 정하고 일일 예산만 입력하면 끝
- 키워드 입력, 입찰가 설정, 분석 등은 쿠팡 알고리즘이 처리
- 광고는 자동으로 노출되며 실적은 광고 리포트에서 확인 가능

4. 자동광고, 누가 쓰면 좋을까?

셀러 유형	자동광고 적합도
광고 초보	매우 적합(설정 없이도 운용 가능)
소수의 상품만 운영하는 셀러	효율 테스트에 좋음
시간 여유가 없는 셀러	분석/관리 없이 운영 가능

5. 장점 VS 단점

장점	단점
설정이 매우 간단(초보자도 바로 가능)	정확한 키워드 컨트롤은 어려움
알고리즘이 성과 높은 키워드를 알아서 찾아 줌	광고비 낭비되는 키워드가 생길 수 있음 (분석 필수)
성과 기반 예산 분배로 효율이 높음	광고 리포트를 보며 지속적인 판단이 필요

6. 실전 활용 전략

- 신상품 런칭 시 테스트 용도
    → 클릭률과 전환율이 높은 키워드를 빠르게 파악 가능
- 자동광고 → 수동광고 전환 전략
    → 성과 좋은 키워드만 추출해 수동으로 운영
    → 광고비 절감 + ROAS 개선 효과

- 성과 모니터링은 반드시 병행

지표	기준 이하 시 조치 필요
CTR	1% 미만 → 썸네일, 상품명 개선 또는 중지 검토
CVR	2% 이하 → 상품 구성 확인 필요
ROAS	200% 미만 → 광고 키워드 조정 권장

마무리

  매출최적화 자동광고는 키워드를 셀러가 고르는 게 아니라 고객 반응을 기반으로 쿠팡이 자동으로 골라 주는 광고입니다.

  광고 초보자는 빠르게 시작할 수 있고 숙련된 셀러는 데이터를 활용해 수동전환 전략까지 활용 가능합니다. 정확히 이해하고 활용하면 광고비 대비 매출을 폭발적으로 끌어올릴 수 있는 강력한 도구입니다.

수동광고란?

쿠팡의 '수동 성과형 광고'는 판매자가 직접 키워드와 입찰가를 설정하여 운영하는 광고 방식입니다. 원하는 키워드만 선택하여 광고가 가능하고 입찰가는 물론 노출, 클릭, 광고비 사용 모두를 직접 컨트롤합니다.

1. 수동광고의 장점

- 광고비 낭비 방지
    - → 성과 없는 키워드는 제외하고, 효율 키워드에만 집중 가능
- 핵심 키워드 집중 강화
    - → ROAS 500% 이상 고효율 운영도 가능
- 세밀한 전략 운영 가능
    - → 상품별, 카테고리별 광고 전략을 유연하게 설정 가능

2. 자동광고 VS 수동광고 비교

항목	자동 광고	수동 광고
키워드 설정	쿠팡이 자동 선택	셀러가 직접 입력
입찰가	시스템이 자동 조정	직접 입찰가 설정
관리 난이도	쉽고 간단	분석과 조정 필요
효율성	빠른 테스트에 유리	잘 세팅하면 고효율 가능
추천 대상	초보자/신상품 테스트	중·고급 셀러/베스트셀러 운영 시

3. 수동광고 실전 운영 순서

- 자동 광고로 데이터 수집(3~5일간)
- 성과 좋은 키워드 추출*(CTR 1.0% 이상, CVR 3% 이상, ROAS 300% 이상)*
- 수동 광고로 키워드 따로 등록
- 낮은 입찰가로 시작하여 실적에 따라 점차 조정
- 광고 리포트로 지속 추적

4. 입찰가 전략 예시

- 고효율 키워드 → 입찰가를 조금씩 올리며 노출 강화
- 테스트 키워드 → 낮은 입찰가로 시작

- 브랜드 키워드/단일성 키워드 → 경쟁이 적을 경우 낮은 입찰에도 노출 가능

5. 수동광고가 필요한 시점

- 자동광고 돌렸는데 잘되는 키워드가 보인다.
- 광고비 대비 매출을 정교하게 조절하고 싶다.
- 특정 상품을 전문적으로 키워 보고 싶다.

마무리

  자동광고는 빠르게 시작하는 데 유리하고 수동 광고는 매출을 계획적으로 키워 가는 데 강력한 무기입니다.

  처음엔 자동으로 시작해서 데이터를 확보하고 성과 좋은 키워드만 수동으로 따로 가져와 집중 운영하면 광고비는 줄고, 수익률은 올라갑니다. 이러한 하이브리드 접근 방식은 쿠팡에서 광고 효율을 극대화하는 가장 효과적인 전략 중 하나입니다.

제14장

쿠팡 물류&풀필먼트 가이드

쿠팡 밀크런 이해하기

쿠팡이 직접 여러분들의 상품을 수거해 가는 시스템이 있다는 사실을 알고 계신가요? 바로 '밀크런(Milk Run)'입니다.

1. 밀크런이란?

밀크런은 원래 자동차 부품 공장에서 쓰던 용어로 여러 협력업체(공장)에서 물품을 한 번에 수거하여 중앙 물류센터로 모으는 물류 수거 방식을 말합니다.

이를 쿠팡이 도입해, 판매자들의 상품을 각자의 창고에서 직접 픽업해서 쿠팡 물류센터로 가져가는 방식으로 발전시킨 게 바로 쿠팡의 밀크런 시스템입니다.

밀크런이라는 이름은 과거 우유 배달부가 여러 농장에서 우유를 수거해 가는 방식에서 유래했습니다. 이 개념을 현대 물류 시스템에 적용한 것으로, 효율적인 물류 수거 및 운송 방식을 의미합니다.

2. 밀크런의 도입 목적

쿠팡 밀크런 도입 목적은 로켓배송 상품의 안정적인 수급을 확보하고, 판매자의 물류 부담을 최소화하며, 입고 지연을 방지하고 풀필먼트 운영의 효율성을 높이는 데 있습니다.

기존에는 셀러가 직접 쿠팡 FC 물류센터에 상품을 입고해야 했지만, 밀크런 셀러로 지정되면 쿠팡이 정해진 스케줄에 맞춰 창고로 직접 방문해 상품을 픽업해 갑니다.

3. 밀크런의 운영 방식

구분	내용
대상	판매자로켓, 로켓 셀러
수거 방식	쿠팡 또는 쿠팡 지정 택배사가 판매자 창고로 방문 수거
스케줄	정해진 요일 및 시간에 픽업(요일별 스케줄 운영)
입고 장소	쿠팡 풀필먼트 물류센터(고양, 동탄, 김포, 대구 등)
비용	지역 조건부

4. 판매자 입장에서의 장점

- 입고 작업이 필요 없기 때문에 인력, 시간, 비용이 절감
- 물류 일정 관리가 편함
- 입고 지연 리스크 감소로 로켓배송 품질 유지에 유리
- 수거 진행 상황 자동 추적 가능

마무리

쿠팡 밀크런은 셀러의 물류 부담을 줄이고, 쿠팡의 배송 품질을 안정화하기 위한 윈-윈 시스템입니다.

로켓배송 운영 중인 셀러라면 물류 효율성, 품질 안정성, 상위 노출 전략까지 모두 고려했을 때 밀크런은 매우 유리한 선택지가 될 수 있습니다.

물류센터 없이 운영하는 방법
(쿠팡에 특화된 3PL 이용 방법)

"팔기만 하세요, 나머지는 전문가가 합니다"

쿠팡 셀러 중 상당수는 '물류센터 없이도' 안정적인 판매를 이어 가고 있습니다. 그 중심에는 '3PL(Third Party Logistics)', 즉 물류 전문 대행 업체의 활용이 있습니다.

특히, 쿠팡 밀크런 시스템과 연동된 3PL을 활용하면 창고 운영 없이도 로켓배송 요건을 충족시킬 수 있어 물류 품질을 유지하며 사업 확장이 용이해집니다.

고정비 없는 유연한 구조: 창고 없이도 운영 가능

직접 창고를 운영하면 보통 다음과 같은 고정비가 필수로 들어갑니다.

- 창고 임대료
- 직원 인건비
- 포장 자재 및 전산 시스템
- 전기세, 난방비, 관리비 등 유지 비용

하지만 3PL은 상품이 들어가고, 출고되는 만큼만 비용을 지불합니다.
즉, 고정비 구조 → 변동비 구조로 전환되며 초기 리스크를 크게 줄일 수 있습니다.

주문 증가 시에도 물류 걱정 없음: 확장성 높은 구조

매출이 늘어나면 셀러 입장에서는 창고 확장, 인력 추가, 출고 속도 관리 같은 고민이 생기게 됩니다.

반면 3PL은 이미 대규모 물류 처리 시스템을 갖추고 있어 셀러의 주문량이 증가해도 유연하게 대응할 수 있습니다. 전문 3PL 업체들은 첨단 자동화 설비와 확장 가능한 인프라를 보유하고 있어, 성수기나 프로모션 기간에도 안정적인 출고를 보장합니다.

쿠팡 특화 3PL의 경우, 블랙프라이데이나 연말 쇼핑 시즌과 같은 쿠팡의 대규모 프로모션 기간에도 문제없이 대응할 수 있는 시스템을 갖추고 있습니다.

쿠팡 로켓배송 요건도 대응 가능

특히 개인 셀러나 소규모 사업자가 로켓배송의 엄격한 기준(새벽 출고, 당일 입고, 정시 수거 등)을 충족시키기는 쉽지 않습니다.

하지만 쿠팡 밀크런과 연동 가능한 3PL을 사용하면 쉽게 이 모든 요건을 만족시킬 수 있기 때문에 로켓배송 적용이 어려웠던 셀러도 신뢰도 높은 배송 품질을 유지할 수 있게 됩니다.

물류 전문가의 시스템과 노하우 활용

3PL은 '전문적인 WMS(창고관리시스템)'을 갖추고 있어 출고 속도, 오배송률, 재고관리 등에서 훨씬 안정적인 운영이 가능합니다. 또한 클레임, 반품, 택배 처리 등 CS 업무까지 맡아 주기 때문에 셀러는 물류 운영에 대한 걱정 없이 상품 소싱, 마케팅, 고객 관계 관리 등 비즈니스의 핵심 영역에만 집중할 수 있습니다.

리스크는 줄이고, 확장은 쉽게

직접 물류를 운영할 경우 다음과 같은 리스크가 있습니다.

- 재고가 많아질수록 공간 부족 문제

- 매출 하락 시에도 고정비 유지

반면, 3PL은 위탁 방식이기 때문에,

- 매출이 줄어들어도 불필요한 지출을 자동으로 줄일 수 있고
- 매출이 늘어날 때도 별도 투자 없이 확장이 가능합니다.

✔ 요약

항목	직접 창고	3PL 위탁
창고비	매월 임대료 고정 지출	사용량만큼만 지불
인력/설비	전부 직접 관리	전부 외부에서 처리
매출 변동 대응	고정비 부담 큼	유연하게 비용 조절 가능
시간 소요	포장, 출고 직접 처리	판매에만 집중 가능

마무리

"내가 해야 할 일은 물건을 파는 일이지, 포장하고 출고하는 게 아닙니다"

3PL을 제대로 활용하면 쿠팡에서도 물류센터 없이 안정적이고 효율적인 판매 운영이 가능합니다.

제15장

100억 셀러 달성 비결

실제 성공 사례와 경험 공유

"매출 100억 셀러도 처음엔 아무것도 몰랐습니다"

많은 분들이 묻습니다.

"쿠팡에서 연 매출 100억을 만든 사람이라면, 무슨 특별한 기술이나 전략이 있었던 거 아닌가요?"

하지만 진실은 생각보다 단순합니다. 저도 처음엔 아무것도 몰랐습니다.

단지 하나,

"이 상품, 쿠팡에 올려 보면 팔릴까?"

그런 호기심 하나로 시작했을 뿐입니다.

아무것도 없이 혼자 시작했습니다

지금은 팀도 있고 시스템도 있지만 처음 시작했을 땐 오롯이 혼자였습니다. 스마트폰, 노트북 하나. 이게 제가 가진 전부였습니다.

사무실도 없었고 인맥도 없었고 마케팅도 몰랐습니다.

하지만 시간과 실행력은 있었습니다. 그래서 혼자서 시작했습니다. 상품을 찾고, 1688에서 소싱하고, 쿠팡에 직접 등록하고, 썸네일도 만들어 보고 광고도 직접 해 보면서 배웠습니다. 팔릴 때까지 계속 바꿨습니다.

처음 올린 상품은 하나도 팔리지 않았습니다. 노출은 되는데 클릭이 없고, 클릭은 되는데 구매가 안 됐습니다.

그래서 이유를 찾기 시작했습니다. 썸네일을 바꿔 보고, 상품명에 키워드를 더 넣어 보고, 상세페이지 문구를 수정하고, 광고 예산을 하루 1,000원 단위로 조절하고…. 그렇게 '왜 안 팔리는지'를 분석하고 바꾸는 작업을 매일 반복했습니다.

결국 알게 됐습니다.

팔리는 구조는 '운'이 아니라 '패턴'이라는 것을.

팔리는 구조를 만들자 매출이 쌓였습니다

하나의 상품이 팔리기 시작하자 그다음엔 그 상품과 비슷한 상품을 계속 소싱했습니다. 하나의 키워드에서 성공하면 관련 키워드를 확장하고 묶음 구성, 색상과 사이즈를 추가했습니다. 매출이 올라가는 공식을 그대로 복사해서 확장한 것입니다.

저는 방법을 반복하여 팔리는 상품을 늘려 갔습니다. 1개가 5개가 되고, 5개가 20개가 됐습니다. 그렇게 팔리는 상품이 쌓이자 자연스럽게 매출도 따라 쌓였습니다. 천만 원은 5천만 원이 되고, 1억이 되고, 결국 지금의 연 100억 매출이 됐습니다.

100억 셀러의 가장 강력한 전략은 '지속'입니다

사람들은 제게 뭔가 대단한 비법을 찾습니다. 하지만 제가 강조하는 건 단 하나입니다.

"지속력+실행+개선"

아무도 모르는 상품을 찾아내는 것보다 이미 잘 팔리는 시장에서 꾸준히 반응을 개선하는 것이 더 빠르고 더 확실한 성공 전략이었습니다.

지금 시작하는 당신에게

저도 처음에는 두려웠습니다. 광고비는 괜히 아깝게 느껴지고, 반품이 생기면 어쩌나 불안하고, '이게 과연 나에게도 가능할까?'라고 수없이 의심했었습니다.

하지만 저는 단 하나,

'팔리는 구조를 만들기 위한 노력'만은 포기하지 않았습니다.

쿠팡은 아직도 기회가 있습니다. 지금도 수많은 상품이 새로 검색되고, 그 안에 빈자리가 존재합니다.

바로 시작하고, 작게라도 실행하고, 계속해서 개선해 나가세요. 그 노력은 반드시 결과로 이어집니다. 그리고 그 결과는 당신이 생각하는 것보다 훨씬 더 빠르게 찾아올지도 모릅니다.

당신도 할 수 있습니다.

"지금 시작하면 1년 안에 1억 벌 수 있다!"

요즘 많은 사람들이 쿠팡에서 돈 벌 수 있다고 얘기합니다. 하지만 정작 많은 사람들이 궁금해하는 건 이겁니다.

"진짜 가능한가요?"

제가 확신을 담아 말할 수 있는 건 단 하나입니다.

"네, 가능합니다. 단, '지금' 시작해야 합니다."

현실적인 수익 시뮬레이션

1년에 1억 원, 과연 얼마나 어려운 걸까요?

상품당 순이익 3,000원 기준으로 계산해 봅시다.

1억÷3,000원 = 약 33,333개 판매

연 36,000개 판매 → 월 3,000개

하루 100개 판매

숫자만 보면 부담스럽게 느껴질 수 있습니다.
하지만 이렇게 생각해 보세요.

상품 10개×하루 10개씩만 팔리면
→ 하루 총 100개 판매 → 월 3,000개 → 연 순이익 1억 원 실현 가능

상품 10개만 제대로 반응을 만들 수 있다면 억대 수익도 결코 어렵지 않습니다.

1억을 벌기 위한 3가지 실행 전략

1. 딱 하나의 키워드부터 시작하세요

이것저것 하지 말고 한 시장, 한 타깃, 한 상품에 집중하세요.

예: 여름 남자 린넨 반팔티
  - 검색량은 충분한데 경쟁이 심하지 않은 키워드를 선정하세요.
  - 소싱 → 테스트 → 반응 개선 → 광고 시작

2. 광고비를 아까워하지 마세요.

처음엔 데이터가 전부입니다. 자동광고로 반응 체크(하루 2~3천 원이면 충분) 후 클릭률 1% 이상, ROAS 300% 이상은 수동광고로 전환하세요. 반응이 없는 키워드는 과감히 정리하세요.

3. 매출보다 구조를 먼저 만드세요

첫 상품이 잘 팔린다면, 비슷한 상품을 2~3개 더 소싱해 같은 키워드 안에서 수직 확장하고 그 과정을 반복하며 복사 가능한 구조를 만드는 것이 핵심입니다.

지금 시작해야 되는 이유

오늘도 누군가는 하루에 상품 하나를 올리고 키워드 하나를 테스트하며 매출을 만들고 있습니다. 그 사람은 당신보다 특별한 능력이 있는 게 아닙니다.
단지, 당신보다 먼저 시작했을 뿐입니다.
1년 뒤 쿠팡에서 수익을 만들고 있을 사람은 이 글을 보고 지금 실행한 사람입니다.

마무리

1억은 거창한 꿈이 아닙니다. 잘 팔리는 상품 하나를 만들고 그 구조를 복사해 나간다면 현실이 됩니다. 지금 시작하면, 당신도 그 구조를 만들 수 있습니다.

1년 안에 1억 원 수익 달성을 위한 단계별 실행 전략

쿠팡에서 1억 원의 순이익을 만들기 위해 필요한 건 '운'이나 '감'이 아닙니다. 판매 구조를 이해하고, 실행하고, 반복 확장하는 과정이 전부입니다.

지금부터 그 과정을 6단계로 나눠, 구체적으로 안내드리겠습니다.

1단계: 목표 설정 및 수익 구조 이해(1주 차)

목표

1년 안에 순이익 1억 원을 만들기 위한 판매 구조를 정확히 이해하는 것

전략

- 1억÷3,000원 = 총 33,333개 판매 필요

- 연간 36,000개 판매 = 월 3,000개 = 하루 100개
- 상품 10개×하루 10개씩 판매되는 구조 설계

실행 과제
- 본인의 목표 수익에 맞춘 구조 계산 훈련
- 마진 3,000원 이상 가능한 카테고리 탐색
- 키워드 기반 소싱 방향 설정

2단계: 키워드 발굴과 첫 상품 소싱(2~3주 차)

목표

'팔리는 구조'를 만들기 위한 핵심 키워드를 기반으로 첫 상품을 선정하는 것

전략
- 네이버 데이터랩, 쿠팡 자동완성 등으로 키워드 수요 분석
- 경쟁이 적고 수요가 있는 키워드 1개 선정
- 1688에서 상품 2~3개 소싱

실행 과제
- 상품 3개 등록

- 썸네일, 키워드, 상세페이지 구성
- 쿠팡 자동 광고 집행 시작 → 클릭률 및 전환율 체크

3단계: 첫 번째 팔리는 구조 완성(1~2개월 차)

목표

하루 10개 이상 꾸준히 판매되는 상품 1개 확보

전략

- 자동 광고 → 수동 광고로 전환하며 광고 효율화
- 썸네일, 키워드, 상세페이지 반복 테스트
- 리뷰 및 가격 경쟁력 확보

실행 과제

- ROAS 300% 이상 키워드 유지
- 해당 상품 리뷰 30개 이상 확보
- 하루 평균 10개 이상 판매 확인

4단계: 동일한 구조로 5개 상품까지 확장(3~4개월 차)

목표

팔리는 구조를 5개 상품까지 확장해 하루 50개 판매 구조 확보

전략

- 동일 키워드 계열로 파생 상품 소싱
- 기존 성공 사례와 광고 세팅을 그대로 복사
- 효율 낮은 상품은 빠르게 교체

실행 과제

- 총 등록 상품 수 10개 확보
- 하루 평균 50개 판매
- 월 순이익 약 450만 원 이상 진입

5단계: 10개 상품 운영으로 구조 완성(5~8개월 차)

목표

상품 10개×하루 10개씩 판매되는 구조 완성

전략

- 상위 상품은 광고 강화 및 상세페이지 리뉴얼
- 리스크 있는 상품은 재고 최소화로 운영

실행 과제

- 하루 총 판매량 100개 도달
- 월 순이익 800~900만 원 안정화
- 광고 효율 정기 모니터링 루틴화

6단계: 자동화 시스템 구축 및 구조 유지(9~12개월 차)

목표

대표자의 시간과 분리된, 자동으로 돌아가는 수익 구조 구축

전략

- 신규 상품은 기존 키워드 안에서 파생 소싱
- 고객 응대, 리뷰 관리, 디자인 외주 검토
- 자금/인력 계획 수립 → 브랜드화 또는 타 플랫폼 확장 준비

실행 과제

- 연 누적 순이익 1억 원 달성

- 광고 소싱/운영 업무의 50% 이상 시스템화
- 다음 단계 목표 설정: 브랜드 론칭, 법인화, 자사몰 구축

마무리

1개의 상품이 하루 10개씩 팔리는 구조만 만들어도 그 구조를 10개로 확장하면 하루 100개 판매는 어렵지 않습니다.

핵심은 구조를 이해하고 실행하고 반복 확장하는 것.

지금 시작하면, 1년 뒤 당신의 손익계산서는 분명히 달라져 있을 것입니다.

100억 매출하는
중졸아저씨의
쿠팡 실전학습서

ⓒ 이강로, 2025

초판 1쇄 발행 2025년 6월 6일
    2쇄 발행 2025년 7월 10일

지은이	이강로
펴낸이	이기봉
편집	좋은땅 편집팀
펴낸곳	도서출판 좋은땅
주소	서울특별시 마포구 양화로12길 26 지월드빌딩 (서교동 395-7)
전화	02)374-8616~7
팩스	02)374-8614
이메일	gworldbook@naver.com
홈페이지	www.g-world.co.kr

ISBN   979-11-388-4345-4 (03320)

- 가격은 뒤표지에 있습니다.
- 이 책은 저작권법에 의하여 보호를 받는 저작물이므로 무단 전재와 복제를 금합니다.
- 파본은 구입하신 서점에서 교환해 드립니다.